WESTEND

PAUL SCHREYER

Chronik einer angekündigten Krise

Wie ein Virus die Welt verändern konnte

WESTEND

Mehr über unsere Autoren und Bücher:
www.westendverlag.de

Die Deutsche Nationalbibliothek verzeichnet diese Publikation in der
Deutschen Nationalbibliografie; detaillierte bibliografische Daten sind im
Internet über http://dnb.d-nb.de abrufbar.

2. Auflage 2020
ISBN: 978-3-86489-316-2
© Westend Verlag GmbH, Frankfurt/Main 2020
Umschlaggestaltung: Buchgut, Berlin
Satz: Publikations Atelier, Dreieich
Druck und Bindung: CPI – Clausen & Bosse, Leck
Printed in Germany

Inhalt

Zu diesem Buch

Zu Beginn eine Frage an Sie, den Leser dieses Buches: Glauben Sie, die Corona-Krise zu verstehen? Haben Sie den Eindruck, vollkommen zu erfassen und zu begreifen, was seit Januar 2020 auf der Welt vor sich geht? Als ich mit der Arbeit an diesem Buch im April 2020 begann, ging es mir nicht so – und auch jetzt, drei Monate später, verfüge ich zwar über Hintergrundwissen und Hypothesen, nicht aber über die *eine* große, alles widerspruchslos erfassende Erklärung, die viele Menschen sich verständlicherweise wünschen.

Ich möchte alle Leser dazu ermuntern, diese Unsicherheit als etwas Positives zu betrachten. Vorschnelle Gewissheit verleitet zum Tunnelblick, zum Ausblenden oder Ablehnen von allem, was nicht zu dem Bild passt, das man sich schon gemacht hat. Das derzeitige Geschehen hat sehr viele Aspekte und Akteure, aus meiner Sicht zu viele, um völlige Klarheit in sehr kurzer Zeit – und sechs Monate sind für ein solches Weltereignis wenig – erhoffen zu können. Dennoch: Informationen aus vielfältigen Quellen zu sammeln, abzuwägen und einzuordnen, die Lücken zu erkennen, die bleiben, sowie die Mehrdeutigkeiten – all das ist jederzeit möglich und auch nötig. Genau dabei soll dieses Buch helfen.

Covid-19 ist eine für viele Menschen sehr gefährliche Erkrankung, die zu großem Leid geführt hat. Im Folgenden soll nichts davon verharmlost oder kleingeredet werden.

Manche in der Öffentlichkeit verbreiteten Gewissheiten zum Virus und zur Pandemie halten einer näheren Überprüfung allerdings nicht stand (siehe die Kapitel 8 bis 10). Die Unklarheiten beginnen schon bei den strittigen Voraussetzungen zur Ausrufung einer Pandemie.[1] Wann wird eine virale Atemwegserkrankung offiziell zur globalen Katastrophe?[2] Eine Publikation der Weltgesundheitsorganisation WHO räumt ein, dass die Erklärung des Pandemiefalls »von einer Vielzahl willkürlicher Faktoren abhängt«.[3] Es geht, so viel macht die Recherche deutlich, nicht nur um reine Wissenschaft, sondern immer auch um Politik.

Viel Raum wird auf den folgenden Seiten der Vorgeschichte der Krise gegeben, insbesondere dem Teil, der mit Pandemie- und Notfallplänen zu tun hat, wie sie 2020 umgesetzt wurden. Für mich persönlich war es in der Recherche überraschend, wie intensiv und wie lange schon ein solcher Virusausbruch immer wieder geübt wurde, insbesondere in den USA, und wie regelmäßig man in diesem Zusammenhang auch einen politischen Ausnahmezustand einschließlich öffentlicher Unruhen und der Einschränkung von Bürgerrechten durchgespielt hat.

Abseits dieser Pläne, Planspiele und politischen Verwicklungen ist darüber hinaus schon einige Zeit eine bedenkliche Entwicklung in der Medizin und den Naturwissenschaften zu bemerken. Sie bildet nach meiner Einschätzung einen wesentlichen Hintergrund der aktuellen Krise. Mit einigen grundsätzlicheren Beobachtungen dazu soll das Buch daher beginnen.

Paul Schreyer, im Juli 2020

Prolog: Falsche Leitsterne

An einem milden Frühlingsabend im April 2020, während des Kontaktverbots und kurz vor Einführung der Maskenpflicht, standen meine Frau und ich im Garten und gossen das Gemüsebeet. Wir waren spät nach Hause gekommen, die Sonne war längst untergegangen, und so leuchtete ich mit der Taschenlampe auf die zierlichen Pflänzchen, während meine Frau die Gießkanne schwenkte. Neben dem leisen Geräusch des sprenkelnden Wassers und einem fernen Vogelruf breitete sich Stille aus. Frieden lag in der Luft.

Als wir fertig waren, schauten wir für einen Moment zum sternenklaren Himmel hinauf. Meine Frau bemerkte es zuerst: »Schau mal, da bewegt sich was.« Tatsächlich zog ein kleiner Lichtpunkt langsam über den Himmel – da er nicht blinkte, offenbar kein Flugzeug. Vielleicht ein Satellit? Doch das schien unwahrscheinlich, denn nun sahen wir, wie ein weiterer Lichtpunkt erschien, der dem ersten folgte. Schon tauchte ein dritter auf, dann ein vierter, ein fünfter – alle im gleichen Abstand, mit gleicher Richtung und Geschwindigkeit auf derselben Bahn. Mehrere Dutzend sich gleichmäßig bewegende »Sterne« zogen wie auf einer Perlenschnur langsam über den tiefdunklen Himmel.

Das stille Spektakel währte fast eine halbe Stunde. Fasziniert starrten wir nach oben. Wurden wir gerade Zeugen einer durchreisenden »Ufo-Kolonne«? Aufmerksam verfolgten wir den Zug der Lichter, ohne uns einen Reim darauf machen zu können – ein seltsames Gefühl.

Zurück im Haus taten wir das heutzutage Übliche: Wir schauten ins Internet. Und rasch folgte die Ernüchterung: Keine Ufos, keine Rätsel, kein Mysterium – stattdessen hatten wir lediglich einen Teil der riesigen Satellitenflotte »Starlink« des amerikanischen Milliardärs Elon Musk über den Nachthimmel ziehen sehen.

Musk, der Chef des Elektroauto-Herstellers Tesla, verwendet, so erfuhren wir, einen Großteil seines Vermögens für Raumfahrtpläne, insbesondere die Herstellung von Raketen, mit denen Lasten ins Weltall befördert werden können. Eines seiner Ziele ist die Besiedlung des Mars. Seiner Ansicht nach besteht der nächste evolutionäre Schritt darin, das menschliche Leben »multi-planetarisch« zu machen.[1] Im Mai 2019 hatte er, im Rahmen eines anderen Projekts, damit begonnen, Satelliten in die Erdumlaufbahn zu schießen, um mit seiner Firma SpaceX eine globale Breitband-Internetversorgung anbieten zu können. Laut eigener Aussage sollten die Satelliten überall auf der Welt »den voraussichtlich wachsenden Bedarf der Nutzer decken«.[2] Es ging um einen Milliardenmarkt. Google hatte sich bereits in der Frühphase der Pläne mit einem großen Investment einen Anteil an SpaceX gesichert.[3] Musk plante, insgesamt 40 000 (!) Satelliten die Erde umkreisen zu lassen. Im Frühjahr 2020 waren 400 davon bereits im All. Einige davon hatten wir gesehen.

Als ich davon las, mischte sich Erstaunen mit Ärger: Was maßte sich dieser Mensch an, den ewig stillen Sternenhimmel mit moderner Hightech vollzustopfen, die sich zudem in absehbarer Zeit in nutzlosen Elektroschrott verwandeln würde? Astronomen warnten bereits, dass ihre Wissenschaft durch die Pläne des Milliardärs in ernsthafte Gefahr gerate, da die zahllosen sich bewegenden Lichtpunkte die Beobachtungen von Himmelskörpern und fernen Galaxien zum Teil unmöglich machten.[4]

Doch Musk, eng verbunden mit der US-Regierung, in deren Auftrag er auch geheime Spionagesatelliten ins All befördert[5], hielt offenbar nichts auf. Die Weltkugel selbst wurde zu seiner Spielmasse, umsponnen von einem Netz aus Zehntausenden fliegenden Apparaten. Die Pläne wirkten maßlos und beunruhigend. Ihre Umsetzung aber vollzog sich vollkommen ruhig und weitgehend widerstandslos. Am Ende, so viel stand fest, würde der Himmel nie wieder derselbe sein.

Warum, so mag der Leser fragen, beginnt ein Buch über die Corona-Krise ausgerechnet mit Elon Musk und seinen Weltraumplänen? Was haben das Virus, der weltweite politische Ausnahmezustand sowie die Debatte um Grundrechte und Impfstoffe mit dem privaten Satellitenprogramm eines Milliardärs zu tun?

Auf den ersten Blick wenig. Dennoch scheint es, als wären beide Entwicklungen Ausdruck eines tiefer liegenden Trends. Gesellschaftssteuernde Maßnahmen und Technologien werden zunehmend weltumspannend und zentral koordiniert wirksam. Einflussreiche Privatleute entwerfen Pläne für die ganze Welt, die in wachsendem Umfang auch global umgesetzt werden.[6] Das Heil liegt dabei oft in menschenfernen, leblosen und automatisierten Prozessen, die Hilfe und Annehmlichkeit versprechen, zugleich aber zentrale Herrschaft und Kontrolle ermöglichen – sowie außerordentlichen Profit. Am Ende dieser Entwicklung steht eine große Vereinheitlichung. Spezielle Technologien und Programme, vorangetrieben von einigen Oligarchen, sollen für alle Menschen auf der Welt bindend werden – ohne jede demokratische Debatte.

Das Problem reicht weit über die aktuelle Krise hinaus. Eine Art Autopilot scheint vieles zu steuern, ob in der Politik, der

Wirtschaft oder auch im Denken ganz allgemein. Die Verantwortung für Entscheidungen verliert sich immer öfter im Nebel internationaler Organisationen oder wird gleich ganz auf Algorithmen übertragen und damit von individuellen, persönlichen Erwägungen losgelöst.

Die populäre Annahme, einige Superreiche würden sich zu neuen Weltherrschern machen, ist naheliegend, erklärt die Situation aber nur unzureichend. Es scheint, als wären auch diese Einflussreichen geblendet von einer Ideologie, die sich immer mehr verselbstständigt. Es ist, als ob der Prozess des Nachdenkens selbst, das individuelle Abwägen, Zweifeln und Hinterfragen, zunehmend verlöscht und einem Vertrauen in automatisierte Effizienz Platz macht.

Menschen, ihrer Natur nach eigentlich freie, selbstbestimmte und lebendige Wesen, erleben im Zuge dieses Trends eine Degradierung, eine Abwertung. Sie werden zu austauschbaren Objekten, intensiv durchleuchteten »Datenpunkten« in einem Informationsnetz, das sich ihrer Kontrolle entzieht. In dieses sich gerade perfektionierende System passen Menschen immer dort am besten hinein, wo sie selbst ebenso berechenbar und störungsfrei wie Maschinen agieren.

Der russische Philosoph Nikolai Berdjajew schrieb über die Folgen des Siegeszuges der Technik schon in den 1940er-Jahren, lange vor dem heutigen Computerzeitalter:

»Die Macht der Technik hat eine für den Menschen sehr schwierige Konsequenz, welcher seine Seele nicht genügend angepasst ist. Es findet eine ungeheure Beschleunigung der Zeit statt, eine Geschwindigkeit, welche der Mensch nicht erjagen kann. Vom Menschen wird eine unglaubliche Aktivität verlangt, die ihn nicht zu sich kommen lässt. Aber diese aktiven Minuten machen den Menschen passiv. Er wird zum Mittel außerhalb des menschlichen Prozesses, er ist bloß eine Funktion des Produktionsprozesses. Die Aktivität des menschlichen Geistes erweist sich

als geschwächt. Der Mensch wird utilitaristisch bewertet, nach seiner Produktivität. Das ist eine Entäußerung der menschlichen Natur und eine Zerstörung des Menschen.«[7]

Wo man auch hinschaut, egal auf welchen Beruf oder welche Branche: Alles und jeder soll so schnell und effizient wie nur möglich arbeiten und sich dabei passgenau in vorgefertigte Muster einfügen – ganz wie ein willenloser Roboter. Es geht einzig ums Funktionieren. Die Frage, für wen und wozu, gerät dabei aus dem Blickfeld.

Der Autor Hauke Ritz sieht in dieser Entwicklung einen Zivilisationsbruch, da der Mensch erstmals seit Jahrhunderten nicht mehr als freies und individuell einzigartiges Wesen betrachtet werde:

»Letztendlich waren sowohl das christliche Mittelalter als auch die humanistische Moderne darin einander verbunden, dass sie jeden Menschen als einzigartig ansahen. Dem Menschen wurde infolgedessen Verantwortungs- und Schuldfähigkeit zugesprochen. Dieses Menschenbild wurde in der Neuzeit zunehmend politisch ausgedeutet und so zur Grundlage aller politischen und gesellschaftlichen Utopien, die Europa von der Französischen Revolution bis zum Ende des Kalten Krieges prägen sollten. (…) Der heutigen von Algorithmen gesteuerten Datenüberwachung liegt dagegen ein gänzlich anderes Bild vom Menschen sowie ein gänzlich anderes Verhältnis zu seiner Geschichte zugrunde. Nämlich eines, welches den einzelnen Menschen nur noch als Gattungsexemplar ansieht, dessen Kaufverhalten, dessen Vorlieben und sogar geistige Entwicklung prinzipiell durch millionenfachen Vergleich prognostiziert werden kann. (…) Menschliche Freiheit, im bisher verstandenen Sinne, ist unter diesen Bedingungen im Grunde genommen nicht mehr möglich.«[8]

Und nicht nur die Freiheit schwindet, sondern, in eigentümlicher Konsequenz, auch der Verstand selbst. Je weiter der technologische Fortschritt voranschreitet, desto mehr scheint der freie, unabhängige und souveräne Geist auf dem Rückzug zu sein. Getroffene Entscheidungen, ob nun in der Politik, der Wirtschaft oder der Verwaltung, erscheinen immer öfter dumm, instinktlos und kurzsichtig. Doch warum ist das so? Weshalb haben sich Menschen darauf eingelassen, wie Maschinen ohne eigene Persönlichkeit zu handeln – und selbst so behandelt zu werden? Welches Virus hat hier die Gesellschaft infiziert?

Vorerst geht es ums Impfen. Im April 2020, mitten im Corona-Ausnahmezustand, verkündete der Microsoft-Gründer Bill Gates, einer der reichsten Menschen der Welt, im Interview mit den ARD-Tagesthemen:

> *Wir werden den zu entwickelnden Impfstoff letztendlich sieben Milliarden Menschen verabreichen. (…) Langfristig wird die Produktion so hochgefahren, dass alle Menschen auf unserem Planeten damit geimpft werden können.«*[9]

Die erste Frage, die man zu dieser unglaublichen Aussage stellen könnte, wäre: Wer ist »wir«? Gates agiert legitimatorisch in einem luftleeren Raum. Niemand hat ihn gewählt oder anderweitig demokratisch ermächtigt. Alles, was er vorzuweisen hat, sind die Milliarden, mit denen er die Weltgesundheitsorganisation WHO und diverse andere Gesundheitsinstitutionen unterstützt. Er selbst sieht sich als uneigennützigen Gönner, agiert aber wie der Sprecher einer – nicht gewählten – Weltregierung.

Die zweite Frage zu Gates' Ankündigung ist die nach der Notwendigkeit oder auch nur Angemessenheit der von ihm präsentierten Lösung. Einer der erstaunlichsten Aspekte der Corona-Krise ist die Geschwindigkeit, mit der sich Regierungen in aller Welt darauf verständigten, dass eine globale Impfkampagne die einzig vernünftige Antwort auf das neu entdeckte Virus sei. Diese Schlussfolgerung ist alles andere als zwingend. Warum etwa wurde stattdessen nicht eine globale Kampagne zur Stärkung des Immunsystems gestartet? Schließlich ist das Virus, so wie auch andere Krankheitserreger, in der Regel nur für Menschen mit außergewöhnlich schwachem Immunsystem tödlich: sehr Alte, schwer Kranke, schlecht und einseitig Ernährte, Gestresste. Warum also wird mit aller Gewalt eine Impfung propagiert, die grundsätzlich nichts an den schwachen Abwehrkräften der Risikogruppe ändert? Zumal diese Schwäche auch ein Einfallstor für zahlreiche andere Viren und Krankheitserreger ist, weshalb es ganz unabhängig von einem einzelnen Virus sehr dringlich wäre, genau dort anzusetzen – etwa mit einem radikalen Abbau von Stress und Arbeitsdruck, einer von Lobbyinteressen befreiten Aufklärung über gesunde Ernährung und, ganz allgemein, mit einem großen gesellschaftlichen Programm für mehr Entspannung, Freude und Mitmenschlichkeit. All dies zusammengenommen würde die Abwehrkräfte in der Bevölkerung erheblich stärken und die Todeszahlen bei einer Epidemie massiv senken. Warum also wird statt dieses breiten, eigentlich naheliegenden Ansatzes vor allem auf eine kontroverse, riskante und hochspezialisierte technische Lösung gesetzt, die diese grundlegenden Probleme ignoriert, mit der einige Unternehmen aber sehr viel Geld verdienen können?

Diese Frage berührt einen wunden Punkt der modernen Medizin, die sich schon lange zum Teil einer Industrie hat machen lassen, die weniger durch Empathie und Mitmenschlichkeit bestimmt wird als durch einen rücksichtslosen Kampf um Marktanteile.[10] Es ist zwar banal, aber man sollte dennoch immer wieder daran erinnern: Krankheiten schaffen Absatzmärkte für Medikamente und Behandlungsmethoden – je teurer, desto besser, je mehr Patienten, desto mehr Gewinn. Eine gesunde Gesellschaft kann per Definition nicht im Interesse dieser Industrie liegen.

Dieser Zusammenhang ist eines der großen Tabus unserer Zeit. Denn wenn die private Pharma-, Krankenhaus-, Medizintechnik- und »Gesundheitsmanagement«-Branche für steigende Aktienkurse zwingend darauf angewiesen ist, dass immer mehr Menschen immer länger krank sind – und genau das ist, objektiv betrachtet, leider der Fall –, wie kann eine Gesellschaft dann zulassen, dass diese Branche in der Hand profitorientierter Investoren ist, ohne sich selbst nachhaltig zu schädigen? Mehr noch: Wie kann sie hoffen, diese Industrie wäre ein ehrlicher »Partner« bei der Vorbeugung von Krankheiten?

Wir leben in einer Zeit der Technologiegläubigkeit. Alle großen Probleme sollen technisch lösbar sein. Von Konzernen lancierte Produkte und Verfahren bieten Glücks- und Heilsversprechen, die früher den Religionen vorbehalten waren. Diese Entwicklung ist nicht neu, sie vollzieht sich seit mehr als 100 Jahren überall auf der Welt. Ursprüngliche menschliche Instinkte und überlieferte Erfahrungen aus vergangenen Generationen gelten wenig im Vergleich zu technologischen Innovationen und allem, was sich irgendwie maschinell herstellen und eindeutig vermessen lässt. Man verlässt sich auf »die Zahlen« und kaum noch auf Intuition – der man misstraut, da sie sich eben nicht messen lässt.

Unter den Chefingenieuren im Silicon Valley, rund um Google, Apple und Microsoft, hat sich eine Ideologie verbreitet, die dieses Denken zu beängstigender Perfektion führt. Dort »definieren Techniker, wie die Welt zu sein hat« (*FAZ*).[11] Alles, was nur irgendwie digital erfassbar ist, wird vermessen, ausgewertet und in Algorithmen umgeformt. Künstliche Intelligenz gilt als Verheißung, man strebt eine technische Perfektionierung des Menschen an (»Transhumanismus«), einige Wirtschaftsführer träumen gar von Unsterblichkeit per

»Upload« von menschlichem Geist auf Maschinenkörper.[12] Dafür bedarf es einer Schnittstelle, an der auch bereits intensiv gearbeitet wird, unter anderem von Zauberlehrling Elon Musk, der dazu 2016 eine eigene Firma namens Neuralink gegründet hat. In der Presse hieß es darüber:

»Die Vision ist, dass es in ferner Zukunft möglich sein soll, Fähigkeiten über den Chip aus einem Appstore ins Gehirn zu übertragen, etwa die Bewegungen aus dem Kampfsport oder eine neue Fremdsprache. Neuralink will so Menschen mit künstlicher Intelligenz (KI) verbinden. Musk befürchtet, dass KI den Menschen überflügeln wird. Das soll verhindert werden, indem der Mensch über das BCI (Brain-Machine-Interface) mit KI verbunden wird.«[13]

Die tiefer liegende Motivation für diese Forschung ist also, so scheint es, auch Angst vor den »Zauberkräften«, mit denen man da hantiert. Der Autor Philipp von Becker erläutert:

»Der Transhumanismus steht in der Tradition der großen Utopien der frühen Neuzeit (…), in denen die Zukunft des Menschen im Geist des wissenschaftlichen Fortschrittsglaubens als zurückerobertes Paradies ausgemalt wurde. Im weiteren Verlauf der Neuzeit wurden aus literarisch-philosophischen Utopien jedoch zunehmend Dystopien [pessimistische Zukunftsbilder], in denen der Mensch durch die Wunderwerke der Technik und Wissenschaft nicht mehr zum Herrn der Natur, sondern zum Sklaven seiner selbst wird.«[14]

Neben dem exzessiven Messen und Optimieren hat ein großer Wunsch nach Eindeutigkeit von vielen Menschen Besitz ergriffen. Dies hat auch eine politische Dimension. Angesichts wachsender Unsicherheit und zahlreicher Bedrohungen, vom sozialen Abstieg über politischen Extremismus bis hin zu tödlichen Viren, suchen Menschen zunehmend Halt bei vermeintlich unverrückbaren Wahrheiten und strikten Verboten. Die Prinzipien, mit denen man sich wappnen will, sind Härte, Kampf und Kompromisslosigkeit. Es sind die Methoden des Krieges.

Verbreitete Überzeugungen lauten: Populisten radikal bekämpfen! Das Coronavirus ausrotten! Verschwörungstheorien verbieten! Immer ist die Stimmung gereizt, die Wahrheit eindeutig, der Feind klar erkennbar und die Welt im Schwarz-Weiß-Raster erklärbar: Gut gegen Böse, Aufgeklärt gegen Hinterwäldlerisch, Verantwortungsvoll gegen Verblendet. Wer diesen neuen, militanten Gleichklang stört, der gilt als gefährlich. Der Islamwissenschaftler Thomas Bauer beschreibt den Trend zur Eindeutigkeit als neuen Fundamentalismus:

»Wer Eindeutigkeit erstrebt, wird darauf beharren, dass es stets nur eine einzige Wahrheit geben kann und dass diese Wahrheit auch eindeutig erkennbar ist. Eine perspektivische und damit nicht-eindeutige Sichtweise auf die Welt wird abgelehnt. (…) Vielfalt, Komplexität und Pluralität wird häufig nicht mehr als Bereicherung empfunden.«[15]

Der Grund dafür ist leicht zu verstehen: Um Mehrdeutigkeit als bereichernd zu empfinden, bedarf es eines einigermaßen entspannten und ausgeruhten Lebens in halbwegs stabilen Umständen. Mehrdeutigkeit und Unklarheit verunsichern. Um damit umgehen zu können, braucht es Reserven – über die im heutigen Dauerstress immer weniger Menschen verfügen. Von Angst und Gefahr bedroht, radikalisieren sich die Anschauungen, verengt sich der Blick, werden Menschen leichter lenkbar.

Mit diesem Gedankengang wird häufig erklärt, weshalb sich elitenkritische Sichtweisen in den letzten Jahren ausgebreitet haben. Menschen seien demnach von der komplexen Vielschichtigkeit der Welt überfordert und sehnten sich nach simplen Erklärungen und leicht verständlichen Geschichten von dunklen Hintermännern und bösen Mächten. Seltener beachtet wird eine ähnliche Entwicklung am anderen Ende der Gesellschaft, dort aber unter umgekehrten Vorzeichen. So glauben (oder hoffen) viele Menschen, dass diejenigen an der Spitze der Gesellschaft – Regierung, Medieneigentümer, Geheimdienste, Superreiche – mehr oder weniger zufällig agieren, ohne größeren Plan, zumindest aber ohne einen Plan, der der Mehrheit schadet. Verborgene Absprachen zulasten der Allgemeinheit ließen sich, so die Überzeugung, »nie« geheim halten und würden daher auch nicht existieren.[16] Beide Haltungen, sowohl die strikte Orientierung an »Verschwörungstheorien« wie auch deren pauschale Ablehnung, gehören strukturell zusammen und sind Ausdruck der gleichen Sehnsucht nach Eindeutigkeit.

Der Wunsch nach eindeutigen Wahrheiten zeigt sich in der Corona-Krise besonders deutlich im Ausgrenzen abweichender Gedanken. Wissenschaftler, die das Virus und dessen Gefährlichkeit anders einschätzen als die Regierung und deren Berater, werden in vielen Medien pauschal als Spinner, Geltungssüchtige und Verschwörungstheoretiker bezeichnet.

Die Vorstellung, dass Wissenschaft sich überhaupt erst im Widerstreit verschiedener Sichtweisen entwickeln kann, scheint nahezu verschwunden. Stattdessen glauben immer mehr Menschen, »die Wissenschaft« habe dies oder jenes belegt – so, als handle es sich dabei um eine Gruppe von Fachleuten, die kraft eindeutig erwiesener, unleugbarer Argumente selbstverständlich auch alle einer Meinung sind. Zwar gibt es natürlich unstrittige wissenschaftliche Erkenntnisse. In vielen Fällen aber ist das unterstellte Einverständnis der Forscher nur eine Fassade, aufgebaut von Interessengruppen, die jeweils einer ganz bestimmten Sichtweise Autorität zusprechen. Die vermeintliche Aufgeklärtheit von Menschen, die bekunden, allein »der Wissenschaft« zu vertrauen, ist oft kaum mehr als eine moderne Form von Autoritätsgläubigkeit.

Dass Wahrheit in der Gesellschaft nie losgelöst von Macht existiert, wird selten diskutiert. Der Medienwissenschaftler Michael Meyen sagt: »Die Wissenschaft, die sich nur für die Wahrheit interessiert und für sonst nichts, ist eine Schimäre« – also ein Trugbild.[17] Der Einfluss von ökonomischen Interessen, auch auf Medien, auch auf die Wissenschaft, scheint ein weiteres Tabu unserer Zeit zu sein.

Besonders problematisch wird das, wenn private Interessengruppen, Regierungen und Medien *im Gleichklang* bestimmte Sichtweisen für wahr und andere für unsinnig erklären – wenn sie also ihre Fähigkeit bündeln, ausgewählten Personen öffentlich Autorität zuzusprechen und andere auszugrenzen. Die Botschaft »Hört auf Drosten, glaubt nicht Wodarg!« ging im Frühjahr 2020 uniform durch alle großen Medien.

Wahrheit wird damit »verordnet«, eine faire Debatte unmöglich gemacht. Gleichzeitig blüht die Zensur – die heute nicht mehr, wie in den Jahrhunderten zuvor, der Staat ausübt, sondern die großen Internetkonzerne. Was abweicht und die Glaubwürdigkeit der offiziellen Erzählungen bedroht, das wird auf Youtube, Facebook und Co. immer öfter gelöscht, inzwischen auch auf ausdrücklichen Wunsch von Medizinern. So hieß es in einem im Mai 2020 veröffentlichten offenen Brief von zahlreichen Ärzten, darunter dem Berater der Bundesregierung, Prof. Christian Drosten:

»Die Flutwelle an falschen und irreführenden Inhalten über das Coronavirus ist kein isolierter Ausbruch von Desinformation, sondern Teil eines globalen Problems. (…) Diese Lügen sind von Bedeutung, weil sie (…) die Menschen von Impfungen (…) abbringen wollen. Deswegen rufen wir heute die Technologieunternehmen dazu auf, sofort und systematisch aktiv zu werden, um die Flut an medizinischen Fehlinformationen sowie die dadurch ausgelöste Gesundheitskrise zu stoppen.«[18]

Der international durch die Medien gehende Aufruf – er wurde unter anderem als ganzseitige Anzeige in der *New York Times* platziert – war eine Aufforderung zur flächendeckenden Unterdrückung von Unerwünschtem.

Dieser Trend einer großen Vereinheitlichung und »Vereindeutigung« der Welt, der sich alles und jeder unterordnen soll, ist beunruhigend. Der globale Fokus auf das Coronavirus hat es ermöglicht, die beschriebene, schon seit Jahren zu beobachtende Entwicklung radikal zu beschleunigen. Hinter der Krise, deren Verlauf und Vorgeschichte auf den folgenden Seiten nachgezeichnet werden sollen, scheint immer deutlicher eine totalitäre Utopie auf, die den Prinzipien einer freien, friedlichen und vielfältigen Zivilisation zuwiderläuft. Es ist die Vision einer »perfekten«, zentral gesteuerten Welt, in der individuelle Freiheit zum seltenen Luxusgut wird.

Der Autor Aldous Huxley stellte seinem 1932 erschienenen, düsteren Zukunftsroman *Brave New World* (*Schöne neue Welt*) ein Zitat des schon erwähnten Philosophen Nikolai Berdjajew voran, das heute nicht weniger aktuell klingt:

»Utopien sind realisierbar. Das Leben bewegt sich auf sie zu. Und vielleicht beginnt eine neue Ära, in der Intellektuelle und die gebildete Klasse darüber nachdenken, wie man Utopien verhindern kann und zu einer nicht-utopischen, weniger perfekten und freieren Gesellschaft zurückkehrt.«

Womöglich besteht der erste Schritt auf diesem Weg in einer Rückbesinnung auf menschliches Miteinander – ohne Angst, Abstandsregeln und Masken, dafür mit Zuwendung, Vertrauen und Solidarität. Der amerikanische Philosoph und Autor Charles Eisenstein formulierte es im März 2020 so:

»Es gibt eine Alternative zum Paradies einer perfekten Kontrolle, das unsere Zivilisation so lange erstrebte, und das mit jedem Schritt weiter entschwindet, wie ein Trugbild am Horizont. Ja, wir können den bisherigen Weg fortsetzen in Rich-

tung zunehmender Isolierung, Herrschaft und Getrenntheit. Wir können das neue Niveau von Abtrennung und Kontrolle für normal erklären und glauben, es sei für unsere Sicherheit nötig. Wir können eine Welt akzeptieren, in der wir uns davor fürchten, einander nahezukommen. Oder wir könnten diese Pause, diesen Bruch der Normalität dazu nutzen, um einen anderen Weg einzuschlagen, in Richtung Wiedervereinigung, Ganzheitlichkeit, Wiederherstellung verlorener Verbindungen, Aufbau von Gemeinschaft und einer Rückkehr in das Netz des Lebens.«[19]

Dieses »Netz des Lebens« wird von einer superspezialisierten naturwissenschaftlichen Forschung und einer digitalen Hochleistungsmedizin fortwährend in kleinste Fäden zerschnitten. Komplexe biologische Systeme werden in isolierte Bausteine zergliedert, die man willkürlich verändert und neu zusammensetzt. Den Geist dahinter beschreibt der Autor Hauke Ritz so:

»Den Naturwissenschaften liegt die unausgesprochene These zugrunde, dass das Lebendige nur deshalb als lebendig erscheint, weil es aufgrund seiner Kompliziertheit noch nicht gänzlich verstanden werden kann. Sobald Wissenschaft aber in der Lage wäre, diese Komplexität des Lebendigen vollständig zu verstehen, würde sich auch das Lebendige als eigentlich Totes zu erkennen geben. (…) Angesichts dessen ist es nicht überraschend, dass die Naturwissenschaften insgesamt Totes sehr gut erklären können, wohingegen sie bis heute Schwierigkeiten haben, das Lebendige als solches zu verstehen. (…)

Die Wissenschaften begannen als vorurteilsfreier Denkprozess, der religiöse Dogmen hinterfragte. Doch je mehr die Naturwissenschaften sich darauf festlegten, die Welt als ein prinzipiell totes, determiniertes, subjektloses, unfreies und bewusstseinsloses Ableitungssystem zu begreifen, desto mehr begannen sie selbst eine neue Metaphysik [eine nicht belegbare

Philosophie] hervorzubringen, welche im Zuge der Industriali-
sierung schließlich eine dogmatische Form annahm.

Vor diesem Hintergrund stellt sich die Frage, inwiefern die-
ses Freiheitsdementi der Naturwissenschaften heute auch die
Gesamttendenz des technischen Fortschritts mit beeinflusst.
Können wir von dem Weltbild, welches den Naturwissenschaften
zugrunde liegt, Rückschlüsse auf die Richtung und Entwick-
lungslogik des technischen Fortschritts selbst ziehen? (…)
Könnte eine Naturwissenschaft, die die Freiheit des Menschen
prinzipiell leugnet, am Ende mit Notwendigkeit eine Technologie
der unfreien Welt hervorbringen?«[20]

Das sind weitreichende Gedanken, die vielleicht dabei
helfen können, den durch die Corona-Krise ausgelösten
Ausnahmezustand besser zu begreifen. Denn womöglich ist
das, was Politik und Gesellschaft seit Anfang 2020 auf den
Kopf stellt, nicht bloß ein einzelnes Virus – sondern die Krise
einer Ideologie.

1 Wahn und Wirklichkeit: Zum Umgang mit Verschwörungstheorien

Die ersten Wochen und Monate der Corona-Krise haben viele Menschen als verwirrenden, beängstigenden Schockzustand erlebt. Mancher fühlte sich wie in einen Alptraum versetzt, dem man machtlos ausgeliefert ist und der einfach kein Ende nehmen will.[1] Alles wirkte irreal. Wie konnte es sein, dass in so kurzer Zeit die grundlegendsten Regeln des Miteinanders überall auf der Welt aufgehoben wurden? Und das alles wegen eines Virus? War das zu glauben?

Es überrascht nicht, dass in der Krise die unterschiedlichsten Theorien und Erklärungsversuche kursieren und Millionen von Anhängern finden. Jeder versucht auf seine Weise, sich auf das hereinbrechende Chaos und die alles durchdringende Angst einen Reim machen. Ist am Ende alles geplant gewesen? Steckt Bill Gates dahinter? Wozu die Massenimpfung? Was soll die Tracing-App? Wird nun eine weltweite totalitäre Ordnung etabliert, in der die Technologiekonzerne vollständig die Macht übernehmen? Haben die USA ihren Hauptkonkurrenten China mit einer Biowaffe angegriffen? Hat China im Geheimen zurückgeschlagen? Wird die Globalisierung jetzt »abgeschaltet«, um China »den Stecker zu ziehen«? Was ist überhaupt noch wahr? Und wem kann man glauben? Der Regierung? Der ARD? Oder doch eher den »Alternativmedien«?

Angesichts solcher Fragen und Theorien wächst in der Öffentlichkeit die Sorge vor einer neuen Irrationalität. Zur

Angst vor dem Virus gesellt sich die Furcht vor der Ausbreitung eines schillernden Wahns, der die Köpfe erfasst und verwirrt, besonders in Gestalt von sogenannten Verschwörungstheorien. »Die Welt scheint verrückt geworden zu sein«, konstatiert der Autor Andreas Wehr und schildert, wie er solche Theorien wahrnimmt:

»Nicht das Corona-Virus gelte es zu bekämpfen, sondern Bill Gates mit seiner Stiftung. Nicht das Fehlen eines Impfstoffs gegen die neue Krankheit COVID-19 sei das Problem, sondern Impfungen sind des Teufels. Nicht die Angriffe eines Trump auf die WHO sind verwerflich, sondern die angebliche Zusammenarbeit dieser Organisation mit Big Pharma. Nicht die nachlässige Haltung der Bundesregierung gegenüber der heraufziehenden Pandemie ist der Skandal, sondern die von ihr angeordneten Kontaktbeschränkungen, womit sie die eigene Bevölkerung in Geiselhaft genommen habe. So und ähnlich heißt es auf den Hygiene-Demonstrationen in Berlin, bei den nichtohneuns.de-Versammlungen in München, auf den Kundgebungen der Initiative Querdenken 711 in Stuttgart sowie auf Protestmärschen und Versammlungen in vielen anderen Orten des Landes. (…) Gläubige Esoteriker, unverfrorene Verschwörungsphantasten, notorische Impfgegner und Geschichtsfälscher (…) beherrschen das Feld.«[2]

Der Tonfall ist rau, das Thema aber alles andere als neu. Vor Verschwörungstheorien wird schon lange gewarnt, seit dem Frühjahr 2020 allerdings mit neuer Lautstärke und Vehemenz. Ganz offenkundig sind solche Ansichten aktuell zu einer großen Bedrohung geworden. Aber für wen genau? Nur für die Vernunft und die Fakten?

Der Begriff Verschwörungstheorie besitzt eine markante Besonderheit, die selten zur Sprache kommt: Er bedeutet nicht das, was er zu meinen vorgibt. Wer den Ausdruck verwendet, der beschreibt nur selten wirklich eine Theorie über eine Verschwörung. Das wäre auch wenig spektakulär. Verschwörungen gehören zum Alltag, insbesondere in der Welt der Wirtschaft, zu sehen etwa beim Dieselskandal oder bei geheimen Preisabsprachen zwischen Unternehmen, wie sie gelegentlich von hartnäckigen Ermittlern und unabhängigen Gerichten aufgedeckt werden.[3] Auch politische Verschwörungen sind nichts Ungewöhnliches, nicht nur bei Staatsstreichen oder politischen Morden, sondern auch in harmloseren Situationen, wie beim Kampf um politische Posten.[4] Immer wieder verabreden sich Menschen im Geheimen zu Intrigen, um etwas zu erreichen, was sich in offener, transparenter und demokratischer Arbeit nicht durchsetzen ließe. Nichts anderes sind Verschwörungen.

Für die Justiz sind sie ein häufiges Thema. Eine Verschwörungstheorie im direkten Wortsinne ist nichts anderes als eine kriminalistische Ermittlungshypothese. Bei Polizei und Staatsanwaltschaften gehören solche Hypothesen zum nüchternen, professionellen Arbeitsalltag, sind laut einem kriminalistischen Standardlehrbuch sogar »unerlässliche Grundlage (…) zur Aufklärung und Beweisführung«.[5] Anders könnte man die entsprechende Kriminalität nicht bekämpfen, denn Verbrechen, insbesondere solche, an denen mehrere Täter beteiligt sind, ereignen sich nun mal selten zufällig. Verschwörungen sollen funktionieren und werden daher geplant. Zur Art dieser Planungen müssen Ermittler Theorien aufstellen – die sich im Zuge der Untersuchungen dann entweder als falsch oder aber als belegbar erweisen können. So simpel, so banal.

Nicht zufällig bezeichnet im Englischen das Wort Verschwörung (conspiracy) die Verabredung zu einem Verbrechen. Sowohl in Großbritannien als auch in den USA wird eine Verschwörung als Straftat verfolgt.[6] Daher bedeutet eine Verschwörungstheorie in diesen Ländern immer auch die Unterstellung, die Akteure seien Verbrecher, die vor Gericht gehörten. Diese strafrechtliche Dimension hat das Wort im Deutschen nicht, wenngleich der Sachverhalt in ähnlicher Weise auch in Deutschland strafbar ist. So heißt es in Paragraf 129 des Strafgesetzbuches (»Bildung krimineller Vereinigungen«), dass bestraft werde, »wer sich an einer Vereinigung als Mitglied beteiligt, deren Zweck oder Tätigkeit auf die Begehung von Straftaten gerichtet ist«. Paragraf 30 zufolge (»Versuch der Beteiligung«) wird außerdem bestraft, »wer sich mit einem anderen verabredet, ein Verbrechen zu begehen«. Allerdings wird diese Norm im deutschen Justizalltag kaum angewandt und es kommt nur selten zu Anklagen.[7]

Doch diese direkte Wortbedeutung der Verschwörungstheorie als »Vermutung über eine Verabredung zu einer strafbaren Intrige« hat nur wenig damit zu tun, wie der Begriff heute tatsächlich verwendet wird. Es geht meist gar nicht um Wahr oder Falsch oder überhaupt eine ergebnisoffene Beweissuche. Vielmehr werden Verschwörungstheorien von vornherein pauschal als *wahnhaft* gedeutet und damit als eine Sonderkategorie dummen, unaufgeklärten, wenn nicht krankhaften Denkens. Diese Bedeutungsverschiebung ist bemerkenswert und wird selten diskutiert. In der heute üblichen Verwendung des Wortes können sich Verschwörungstheorien gar nicht als wahr oder falsch erweisen, da sie per Definition bereits *vor ihrer Überprüfung* falsch sind![8] Der amerikanische Medienwissenschaftler Jack Bratich schreibt:

»Verschwörungstheorien erreichen nicht die Schwelle der Akzeptanz, überhaupt auch nur überprüft zu werden und damit widerlegbar zu sein. Wenn der Geist diejenige Sphäre ist, die zwischen Wahrheit und Irrtum unterscheiden kann, dann sind Verschwörungstheorien außerhalb dieser Sphäre. Sie sind para *(griechisch: gegen) nous (den Verstand). Sie sind* paranoid.«[9]

Wer anderen, zum Beispiel Corona-Demonstranten, die Verbreitung solcher Ansichten vorwirft, der hält sich selbst für geistig gesünder, klüger und aufgeklärter. Da Verschwörungstheorien paranoider Unsinn seien, so die Annahme, müsse man sich mit ihnen auch nicht im Detail auseinandersetzen. Das sei schon deshalb nicht angeraten, da Verschwörungstheoretiker zudem noch unbelehrbar seien, eine Diskussion mit ihnen also reine Zeitverschwendung.

Allerdings könne man solche Theorien, so die Kritiker, auch nicht bloß als lächerliche Kuriositäten abtun. Besonders in Krisenzeiten seien sie brandgefährlich. Sie führten dann zu einem allgemeinen Misstrauen und Zweifel an den guten Absichten der Regierung und überhaupt der Eliten. Wenn dieses Misstrauen gegenüber den Oberen immer weiter befeuert werde und irgendwann überkoche, dann gerate das Land aus dem Gleichgewicht und drohe im Chaos zu versinken.

Aus diesem Grund müsse man diejenigen Menschen, die noch für rationale Argumente zugänglich seien, nachdrücklich über die Gefahren aufklären, die Übrigen aber, die schon zu weit abgedriftet seien, energisch bekämpfen und aus dem öffentlichen Debattenraum verbannen, damit ihr »Gift« nicht weiter zerstörerisch auf die Gesellschaft einwirken könne.

Die hier skizzierte Haltung ist weit verbreitet, besonders unter Intellektuellen und Meinungsführern. Sie fußt auf einigen Grundannahmen, die selten offen benannt werden:

- Die herrschende Ordnung ist im Grunde eine gute Ordnung.
- Andersdenkende sind oft dümmer.
- Menschen bedürfen der Lenkung, besonders bei ihrer Meinungsbildung.

An diesen Annahmen, die tief in die Verschwörungstheorie-Debatte eingewoben sind – so tief, dass sie vielen Menschen nicht mehr bewusst zu sein scheinen –, fällt vor allem eines auf: ihre autoritäre und obrigkeitsstaatliche Prägung. Liberal, pluralistisch und demokratisch wäre eigentlich die genau entgegengesetzte Haltung:

- Die herrschende Ordnung ist in Zweifel zu ziehen.
- Andersdenkende könnten klüger sein. Sie sind zu respektieren und auf Augenhöhe zu behandeln.
- Menschen sollten sich ihres Verstandes ohne fremde Anleitung bedienen.

Die Debatte über Verschwörungstheorien ist aus diesem Grund immer auch eine Debatte über das eigene Menschenbild und Politikverständnis. Die große Gegenthese der Verschwörungstheorie-Warner lautet, dass politische Verschwörungen grundsätzlich unplausibel seien, dass niemand sich verschwöre und fast alles entweder Zufall oder Ergebnis chaotischer, nicht steuerbarer Prozesse sei. Man könnte die Anhänger dieser Sichtweise daher auch als »Zufallstheoretiker« bezeichnen, soweit sie versuchen, den Lauf der Welt ohne verdeckte Planungen hinter den Kulissen zu erklären.

Auffällig ist, dass diese Zufallstheoretiker den Verschwörungstheoretikern im Denken viel näherstehen, als sie glauben. Denn die pauschale Ablehnung von Verschwörungstheorien ist, wie im vorigen Kapitel schon angesprochen, dem grundsätzlichen Glauben an Verschwörungstheorien *strukturell ähnlich*. Beide Denkarten sind zwei Seiten einer Medaille, sind Ausdruck desselben Wunsches nach Eindeutigkeit.

In dieser Sehnsucht nach Eindeutigkeit liegt ein großes Missverständnis. Die Welt ist weder eindeutig geplant noch eindeutig chaotisch, sondern ein schillerndes, undurchschaubar vielschichtiges, nie völlig begreifbares Geflecht aus ständig neu entstehenden und sich wieder lösenden Allianzen, aus Interessengegensätzen und Übereinstimmungen, aus strategischen Plänen und misslichen (oder auch glücklichen) Zufällen. Zu diesem Geflecht gehören Zufälle *und* Verschwörungen.

Geheime Intrigen sind auch nicht immer große »Weltverschwörungen«. Manchmal dauern sie bloß einige Tage und haben ein konkretes, leicht erreichbares Ziel. Manchmal währen sie aber auch Jahrzehnte, ohne aufgedeckt zu werden.[10] Verschwörungen sind nicht immer erfolgreich – viele scheitern. Scheitern sie aber nicht, und das ist ein springender Punkt, dann bleiben sie naturgemäß geheim und damit unsichtbar. Deshalb, und auch wenn es banal klingen mag: Wer ehrlich an Erkenntnis interessiert ist, der sollte bei jeder Verschwörungstheorie immer wieder genau auf die Fakten schauen. Es ist nicht nur unklug, sondern regelrecht dumm, etwas von vornherein ungeprüft auszuschließen, weil es nicht in das eigene Weltbild passt und Überzeugungen in Frage stellt, denen man sich verbunden fühlt.

Ein komplexes Ereignis wie die Corona-Krise lässt sich kaum oder nur oberflächlich fassen, solange man sich und anderen das verschwörungstheoretische Denken von vornherein verbietet. Denn die Zufallstheoretiker zeichnet oft eine spezielle Denkschwäche aus: Sie tendieren dazu, das Gegebene als erwiesen hinzunehmen und die Oberfläche für die Wahrheit zu halten – »Alles ist, wie es scheint«. Was akzeptierte Autoritäten wie Minister, Leitmedien oder staatlich geprüfte Professoren verkünden, das nehmen sie eher für bare Münze, als es anzuzweifeln. Daher können sie von diesen Autoritäten auch leichter betrogen werden – leichter vor allem, als sie selbst es glauben.

Ein bekanntes Beispiel ist die *New York Times*-Journalistin Judith Miller (sie wird in Kapitel 3 noch einmal auftauchen), die in ihrer Arbeit immer wieder ungeprüft Informationen veröffentlichte, die ihr Geheimdienste zugetragen hatten, und die eine wichtige Rolle im Vorfeld des Irakkrieges von 2003 spielte. Ganz offen bekannte sie ihre Überzeugung, dass es gar nicht ihre Aufgabe sei, solche Interna aus Regierungskreisen zu hinterfragen – schließlich könne sie selbst ja »kein unabhängiger Geheimdienst sein«, sei also auf die Behörden angewiesen. Ihre Aufgabe sei es einfach, den Lesern zu berichten, welche Gedanken innerhalb der Regierung zirkulieren würden.[11]

Diese Art von Vertrauen, die man auch als eine Mischung aus Bequemlichkeit und Opportunismus bezeichnen könnte, ist in den großen Medien weit verbreitet, auch wenn wenige das so offen einräumen wie Judith Miller.

Das verschwörungstheoretische Denken ist neugieriger, misstrauischer: Es schaut hinter die Dinge, will mehr erfahren, vermutet Täuschungen, gerade auch vonseiten der Autoritäten. Eine Schwäche dieses Denkens liegt in seiner Übertreibung von Kausalitäten. Es neigt dazu, Dinge ursächlich miteinander zu verkoppeln, die vielleicht bloß lose verbunden sind. Eine andere Schwäche des verschwörungstheoretischen Denkens liegt in seiner Negativität. Wo die Zufallstheoretiker in einer relativ heilen Welt leben (die sie sich nicht kaputt machen lassen wollen), stehen die Verschwörungstheoretiker oft nur einen Schritt vor der Apokalypse – und sind daher chronisch depressiv, missmutig und alarmistisch.

Vielleicht besteht der Ausweg in einer Synthese, einer Verbindung aus beiden Denkarten, in der die hartnäckige, kritische Neugier der Verschwörungstheoretiker mit dem vertrauensvollen Optimismus der Zufallstheoretiker fusioniert. So könnte der mit großem Aufwand in den letzten Jahren ausgehobene Graben endlich überbrückt und etwas fundamental Gemeinsames und sehr Einfaches betont werden: unser aller Erkenntnisinteresse.

Darauf müsste man sich einigen können, denn ohne ein gemeinsames Streben nach Wissen und Wahrheit büßt nicht nur die Wissenschaft (insbesondere die Medizin) ihren Nutzen ein und verkommt zu einem käuflichen Werkzeug der Einflussreichen, sondern verliert auch das Justizsystem seinen Sinn und mutiert zu einem Geschacher unter Mächtigen (Stichwort: internationale Schiedsgerichte).[12] Macht, Geld und Korruption sind seit jeher die großen Gegenspieler des Erkenntnisstrebens, nicht bloß in Wissenschaft und Justiz, sondern auch in der Kultur, der Politik sowie, nicht zuletzt, in den Medien. Wo Zeitungen und Fernsehsender Milliardären gehören oder in undemokratische Machtstrukturen eingebunden sind, da hat die Suche nach Wahrheit im Zweifel immer schlechte Karten.

Erst das gemeinsame, alle Menschen umfassende Erkenntnisinteresse hält die Gesellschaft zusammen und treibt sie voran. Kommt es unter die Räder, indem einzelne Wissensbereiche, ob nun in der Medizin oder der Politik, pauschal als absurd diffamiert werden, dann wirkt das wie eine Bremse für die gesellschaftliche Entwicklung. Fragwürdiges Wissen zu verbieten und aus der Diskussion ausschließen zu wollen, dient eben gerade nicht der Aufklärung, sondern lähmt und verdummt alle.

Auf die Spitze getrieben wird solch geistiger Stillstand mit der Annahme, Reiche und Einflussreiche wollten gemeinsam mit der Politik nur das Beste für die Gesellschaft. Diese Rhetorik, die schon einige Zeit in Mode ist, kommt, wenn sie erfolgreich und mehrheitsfähig wird, einer intellektuellen Blendung gleich. Sie bedroht dann den kritischen Verstand an sich. Anders gesagt: Wer das glaubt, der *kann* nichts mehr hinterfragen, der ist aus demokratischer Perspektive als politischer Bürger neutralisiert.

Verschwörungstheorien, die die harmonische Erzählung der großen Eintracht von oben und unten in Frage stellen, entwickeln sich in so einer Situation zu einem Mittel geistiger Notwehr. Man sollte sie gründlich studieren und vorurteilsfrei prüfen – mit neugierigem Erkenntnisinteresse und ohne Weltuntergangsangst.

2 »Biosecurity« und die Politik der Angst

Bevor die Chronik der Ereignisse beginnt, von der im Titel dieses Buches die Rede ist, zunächst ein Blick hinter die Kulissen der aktuellen Szenerie. Viren und Seuchen sind ein wissenschaftliches und politisches Spezialgebiet mit eigenen Experten, Institutionen und einer eigenen Geschichte.

Beinahe jedem geläufig ist inzwischen die amerikanische Johns-Hopkins-Universität, von der die ganze Welt in der Corona-Krise täglich mit den neuesten Zahlen der positiv auf das Virus Getesteten beliefert wird. Viele wissen auch, dass das dort angesiedelte Center for Health Security (Zentrum für Gesundheitssicherheit) im Oktober 2019, nur wenige Wochen vor Ausbruch der Krise, unter dem Titel »Event 201« eine Übung organisiert hatte, bei der ein verblüffend ähnliches Szenario durchgespielt worden war (siehe Kapitel 6).

Weniger bekannt ist, dass dieses Center zwar schon mehr als 20 Jahre tätig ist, unter diesem Namen aber erst seit 2013 firmiert. Gegründet wurde die Einrichtung 1998 als Center for Civilian Biodefense Studies (Zentrum für zivile Bioverteidigungsstudien). Ab 2003 hieß das Institut Center for Biosecurity, bevor es schließlich zum Center for Health Security mutierte. Man wechselte in der Außendarstellung also von einem eher militärisch anmutenden Namen zur unverfänglicher klingenden »Gesundheitssicherheit«. Unabhängig von den wechselnden Bezeichnungen ist das Center seit seiner

Gründung eine der international wichtigsten Organisationen, wenn es darum geht, die von Biowaffen und Seuchen ausgehende Gefahr in die öffentliche Debatte zu tragen.

Um zu begreifen, was auf der Welt seit Anfang 2020 geschieht und wie und warum eine solche Krise tatsächlich angekündigt wurde – insbesondere von diesem Center –, ist es hilfreich, zunächst die verwendeten Begriffe und ihren Zusammenhang zu verstehen.

Der Ausdruck Biosecurity ist in den vergangenen Jahren in Politik und Wissenschaft zunehmend populär geworden. Er bezeichnet ein diffuses und mehrdeutiges Forschungsfeld, in dem Militär- und Gesundheitspolitik miteinander verschmelzen. Um ein wenig bekanntes Beispiel zu nennen: Bundesgesundheitsminister Jens Spahn hat Anfang 2020 eine neue Abteilung für »Gesundheitssicherheit« geschaffen, deren Gründung schon Ende 2019 geplant worden war.[1] Geleitet wird diese Abteilung von Hans-Ulrich Holtherm, einem Bundeswehrgeneral, der zuvor eine neu gegründete NATO-Behörde geführt hatte, wo es um »frühzeitige Detektion von infektiösen Krankheitsausbrüchen in nahezu Echtzeit« ging sowie eine »zentralisierte Überwachung der eingesetzten Streitkräfte«.[2] Holtherm trägt bei seiner jetzigen Arbeit im Gesundheitsministerium weiterhin Uniform, leitet den Corona-Krisenstab und berät Jens Spahn beim Krisenmanagement.[3] Mit dieser Verschmelzung von Medizin und Militär liegt der Gesundheitsminister im Trend.

Biosecurity meint einen Schutz vor Pandemien und vor Angriffen mit Biowaffen – also Viren, Bakterien und Giften. Zahlreiche Planspiele wurden dazu in den letzten Jahren durchgeführt, Pandemiepläne entwickelt und Strukturen für das Krisenmanagement geschaffen. All dies wird nun in der Corona-Krise zum Teil sichtbar und weist eine ebenso lange wie verstörende Historie auf. Denn die Planungen zum

Schutz vor der Gefahr gingen oft einher mit der Forschung zur Erzeugung ebenjener Gefahr, sprich der Entwicklung von Massenvernichtungswaffen.

Das Wort Biosecurity ist selbst ein Propagandabegriff, ein Ausdruck, der eine verdeckte Botschaft transportiert. Er unterstellt, dass alle gesellschaftlichen Gruppen in einer Krisenlage ein gemeinsames Interesse hätten – nämlich Sicherheit. Doch so einfach ist es nicht.[4] Ein Biowaffen-Angriff oder ein Seuchenausbruch bedeuten für verschiedene Gruppen Unterschiedliches:

- für die Bevölkerung eine ängstigende, tödliche Bedrohung,
- für die Regierung eine Krise, in der sie unter Druck gerät oder sich als Beschützer profilieren kann,
- für die Pharmaindustrie ein profitables Geschäftsfeld,
- für das Militär die Untersuchung einer potenziell nutzbaren Waffe.

Wo in dieser Liste die Wissenschaft steht, hängt davon ab, wem sich die Forscher verpflichtet fühlen (oder finanziell verpflichtet *sind*) – der Bevölkerung, der Regierung, der Pharmaindustrie oder dem Militär. Solche Verpflichtungen können sich natürlich überschneiden. Nur wäre es fahrlässig und naiv, zu unterstellen, alle Akteure blickten mit den gleichen Interessen auf das Thema und könnten daher auch widerspruchslos ein gemeinsames Ziel anstreben – eben die beschworene »Biosecurity«.

Insbesondere der militärische Aspekt ist schon lange Zeit von großer Bedeutung, worüber aber nicht gern offen gesprochen wird:

»Es handelt sich hier um Waffen, die sehr billig und besonders zum Angriff auf große Bevölkerungen geeignet sein könnten, und bei denen ein Anreiz besteht, sie plötzlich und überraschend

einzusetzen (…) Man könnte sich kaum eine bessere Beschreibung für etwas vorstellen, das sich die USA in der Kriegsführung nicht wünschen sollten. Und doch sind es unter allen Länder der Erde gerade die USA, die in diesem Feld in auffälliger Weise vorangehen.«[5]

Diese Einschätzung zu biologischen Waffen ist mehr als 50 Jahre alt und stammt von Matthew Meselson, einem der renommiertesten Mikrobiologen der Welt. Meselson, seit 1960 (und bis heute) Professor in Harvard, beriet in den 1960er-Jahren die US-Regierung in Abrüstungsfragen und trug wesentlich dazu bei, dass 1972 von der UNO die Biowaffenkonvention verabschiedet und von den USA auch unterzeichnet wurde. Darin verpflichten sich die Unterzeichnerstaaten, »niemals und unter keinen Umständen« Biowaffen »zu entwickeln, herzustellen, zu lagern oder in anderer Weise zu erwerben oder zu behalten«.[6]

Ende der 1960er-Jahre, als Meselson seine Warnung äußerte, kam Stück für Stück ans Licht, wie tief die US-Regierung in Forschungsprogramme zur Entwicklung von biologischen und chemischen Waffen verstrickt war.[7] Ein Großteil der Forschungen wurde seit den 1940er-Jahren im Militärstützpunkt Fort Detrick durchgeführt, etwa eine Autostunde nördlich von Washington und bis heute Hauptquartier der militärischen Forschung zu gefährlichen Krankheitserregern.

Wie erst viele Jahre später bekannt wurde, hatte die US-Regierung unmittelbar nach dem Zweiten Weltkrieg eine ganze Reihe hochrangiger deutscher Wissenschaftler wie Walter Schreiber, Kurt Blome und Erich Traub angeworben, die zuvor für die Nazis an Biowaffen geforscht und dabei teils auch Verantwortung für Menschenversuche in Konzentrationslagern getragen hatten. Sie gaben ihr Wissen über Bakterien, Viren und deren Einsatzfähigkeit im Kampf gegen Menschen nun weiter.[8] Auch auf japanische Fachleute griffen die Amerikaner nach dem Krieg zurück. Dem Offizier Ishii Shiro, Leiter der berüchtigten »Einheit 731« der Kaiserlich Japanischen Armee, und seinen Mitarbeitern, die Menschenversuche an Tausenden Gefangenen im besetzten China durchgeführt hatten, verhalf der US-General und gefeierte »Kriegsheld« Douglas MacArthur zur Straffreiheit, um an das japanische Wissen zur Nutzbarkeit biologischer Waffen zu gelangen.[9]

Geld stand reichlich zur Verfügung: In den 1960er Jahren gab die US-Regierung Hunderte Millionen Dollar für die Erforschung biologischer und chemischer Waffen sowie die Verteidigung gegen diese aus.[10] Einige der Programme (»Project 112«) waren so geheim, dass ihre Existenz mehrere Jahrzehnte abgestritten und erst im Jahr 2000 offiziell eingeräumt wurde.[11] Vieles ist noch immer unter Verschluss.

In Fort Detrick forschten 1968 mehr als 500 Wissenschaftler an todbringenden Keimen. Mehr als 700 000 Tiere, darunter Schweine und Affen, wurden im Rahmen von Experimenten pro Jahr (!) getötet.[12] Mehr als 5 000 amerikanische Soldaten wurden in Versuchen Krankheitserregern ausgesetzt, nicht alle wissentlich.[13]

Es kam zu schwerwiegenden Unfällen. Im Frühjahr 1968 hatte das Militär zu Testzwecken mit einem Flugzeug über dem Bundesstaat Utah den Nervenkampfstoff VX versprüht und dabei, durch ein technisches Versagen beim Schließen der Gifttanks, versehentlich mehr als 6 000 weidende Schafe getötet.[14] Es war Zufall, dass der Wind eine Stunde später drehte und keine Menschen starben.[15]

Zwei Jahre zuvor, im Juni 1966, hatten Wissenschaftler des Militärs krankmachende Bakterien im New Yorker U-Bahn-System verteilt, um ihre Verbreitung zu messen. Die New Yorker Behörden wurden nicht informiert, das Experiment erst viele Jahre später öffentlich.[16]

Von Militärflugzeugen aus wurden in den 1950er- und 60er-Jahren über bewohnten Gebieten in den USA und Kanada Bakterien versprüht (»Operation LAC«) – ebenfalls um ihre Verbreitung zu messen. Man wollte so herausfinden, wie sich biologische Waffen im Kriegsfall gegen einen Feind, etwa die Sowjetunion, einsetzen ließen.[17]

Im Rahmen der Forschung für eine neue Waffe, die biologische Krankheitserreger mit radioaktiver Strahlung kombinierte, wurde im Kalten Krieg die Bevölkerung in armen Vierteln von amerikanischen Städten wie St. Louis gezielt einer Erkrankung ausgesetzt, indem man Erreger von den Dächern hoher Gebäude versprühte. Betroffene berichteten, dass sie in der Folge an Krebs erkrankten.[18]

In Nashville verabreichte man Ende der 1940er-Jahre bei einer medizinischen Untersuchung 800 schwangeren Frauen, die aus armen Verhältnissen stammten, ohne ihr Wissen eine Mischung, die radioaktives Eisen enthielt. Mit Bluttests untersuchten die Forscher dann, wie viel des radioaktiven Stoffes von den Müttern und den Babys aufgenommen worden war. Ähnliche Tests wurden in San Francisco und Chicago durchgeführt.[19]

Die Autorin Lisa Martino-Taylor, die diese Fakten in langjähriger Aktenrecherche herausgefunden und 2017 in einem Buch[20] veröffentlicht hatte, das an ihre Doktorarbeit[21] zum gleichen Thema anknüpfte und zu parlamentarischen Anfragen mehrerer Abgeordneter führte, merkte zu diesen Versuchen der Regierung an:

»Sie zielten in den meisten Fällen auf die Schwächsten in der Gesellschaft ab. Sie zielten auf Kinder ab. Sie richteten sich gegen schwangere Frauen in Nashville, gegen Menschen, die in Krankenhäusern lagen. Und sie zielten auf Minderheiten.«[22]

Weite Bereiche des Landes, insbesondere die Verletzlichsten seiner Bewohner, wurden so unfreiwillig und im Geheimen zu Teilen eines Versuchslabors. Wie viele Menschen durch die Experimente erkrankten oder starben, wurde nie untersucht.

Ab 1969 war diese Art der Forschung an biologischen Waffen in den USA offiziell tabu. Fortan sollte nur noch »defensiv« geforscht werden, also für Gegenmittel, um sich gegen einen Angriff verteidigen zu können. Jedoch wurde nach Verabschiedung der Biowaffenkonvention nie ein verbindliches Zusatzprotokoll vereinbart, das einen internationalen Kontrollmechanismus etabliert hätte. Nach langen Verhandlungen lehnte die US-Regierung im Juli 2001 ein solches Protokoll ab.[23] Somit existiert bis heute kein formelles Verfahren, mit dem sich die Einhaltung der Konvention in den einzelnen Staaten überprüfen ließe. Die Bundeszentrale für politische Bildung schreibt:

»Ein Problem der Biowaffenkonvention besteht darin, dass explizit die Arbeit mit biologischen Mikroorganismen und Toxinen, die als Kampfmittel verwendet werden könnten, erlaubt ist, solange sie ›durch Vorbeugungs-, Schutz- oder sonstige friedliche Zwecke gerechtfertigt sind‹ (Artikel I). Damit wird die Arbeit an Abwehrmitteln gegen Biowaffen ermöglicht, was sowohl die Erforschung vorhandener als auch möglicher zukünftiger Biowaffen meint. Auf diese Weise könnte Abwehrmittelforschung aber auch zur Entwicklung von neuen Biowaffen missbraucht werden.«[24]

In dieser undurchsichtigen Grauzone aus Gefahrenabwehr und Gefahrenerzeugung hatte man sich während des Kalten Krieges in ein biologisches Wettrüsten mit Moskau begeben, wo das sowjetische Militär ganz ähnliche Forschungen betrieb. In den 1990er-Jahren wandelte sich die politische Situation dann grundlegend. Nach dem Zerfall der Sowjetunion und des Ostblocks kam dem westlichen Militärapparat der Feind abhanden, was für den gesamten Sektor eine existenzielle Gefahr bedeutete. Noch bedrohlicher als das russische Militär war bloß die eigene Nutzlosigkeit.

Wie sollten sich die milliardenschweren Ausgaben für Army, Navy, Air Force, CIA, NSA und das übrige Dutzend amerikanischer Geheimdienste zukünftig rechtfertigen lassen? Wer brauchte noch Kampfjets, Flugzeugträger, Atomraketen und all das übrige Arsenal, das mit der Begründung angeschafft worden war, den Kommunismus in Schach zu halten, wenn doch Ost und West nun in Frieden leben und gefahrlos abrüsten konnten? Diese Frage stellte sich ab 1990 in großer Dringlichkeit vielen Politikern, Militärs, Geheimdienstlern und Rüstungsunternehmern, die in den Jahrzehnten zuvor, mit den Worten von US-Präsident Eisenhower, zu einem »militärisch-industriellen Komplex«[25] verschmolzen waren, einer mächtigen Kraft, die nicht nur die amerikanische, sondern auch die internationale Politik in weiten Teilen lenkte.[26]

Die Antwort lag auf der Hand und ist zu allen Zeiten die gleiche gewesen: Aufrüstung benötigt Angst. Eine Bevölkerung, die keine Feinde fürchtet, wird auch keine Milliardenausgaben für das Militär akzeptieren. Als der Kommunismus verschwand, musste ein neuer ängstigender Gegner dessen Rolle einnehmen. Colin Powell, damals Vorsitzender des Vereinigten Generalstabs und damit ranghöchster Militär der USA, formulierte es im Frühjahr 1991 in einem Interview mit einigem Sarkasmus ganz offen:

»Mir gehen die Teufel aus. Mir gehen die Schurken aus. Mir bleiben nur noch Castro und Kim Il Sung.«[27]

In diesem Zusammenhang begann man in den 1990er-Jahren, die Gefahr des Terrorismus zunehmend in den Mittelpunkt zu rücken und dabei auch vor drohenden Anschlägen mit biologischen Waffen zu warnen. In der Nationalen Sicherheitsstrategie von 1994, der ersten, die von Präsident Bill Clinton verabschiedet wurde, hieß es, man wolle verhindern, dass weitere Länder sich chemische, biologische und atomare Waffen beschaffen. Sollte das jedoch fehlschlagen, müsse man »in der Lage sein, abzuschrecken, vorzubeugen und sich gegen die Nutzung solcher Waffen zu verteidigen.«[28] Das zielte vor allem auf die Sorge ab, dass Massenvernichtungswaffen aus den Beständen der zerfallenen Sowjetunion und deren Nachfolgestaaten in »falsche Hände« geraten könnten. Doch der Fokus der Bemühungen erweiterte sich rasch.

Im Februar 1995 wurde von Joe Biden, damals Vorsitzender des Justizausschusses, im US-Senat ein umfangreicher Gesetzentwurf eingebracht, um »besser auf die internationale terroristische Bedrohung reagieren« zu können.[29] Der Plan traf auf heftigen Widerstand, unter anderem von Bürgerrechtsgruppen, die darin eine Einschränkung der verfassungsmäßigen Rechte sahen.[30] Der Gesetzentwurf blieb umstritten, eine Verabschiedung erschien ungewiss.

Das änderte sich wenige Wochen später abrupt mit einem Ereignis, das die Politik auf Jahre prägen sollte – dem Bombenanschlag auf ein Regierungsgebäude in Oklahoma City am 19. April 1995. Mit 168 Toten und 700 Verletzten galt dies seinerzeit als schwerster Terroranschlag in der Geschichte des Landes. Nicht nur das Antiterrorgesetz wurde nun rasch und ohne weitere Diskussion verabschiedet – der Präsident versicherte der Öffentlichkeit auch, dass Geheimdienste und Ermittlungsbehörden wesentlich mehr Zugriffsrechte und Geld erhalten würden. Die öffentliche Debatte konzentrierte sich fortan auf die Gefahr durch den Terrorismus. Angesichts des verheerenden Bombenanschlags leuchtete jedem Bürger ein, warum ein Schutz vor radikalen Extremisten so wichtig war – schließlich konnte es jeden treffen, und das nicht nur in ausländischen Krisengebieten, sondern in einer ganz normalen Stadt im Mittleren Westen.

Der Anschlag veränderte die öffentliche Wahrnehmung des Themas nachhaltig. Seine Hintergründe aber blieben undurchsichtig. Viele Fragen zum Attentäter Timothy McVeigh, einem hochdekorierten Golfkriegs-Soldaten, der nach eigener Aussage nach seiner Rückkehr aus dem Krieg zu einer geheimen Spezialtruppe der Armee gehörte und als Spitzel im Auftrag des Militärs die Neonazi-Szene unterwandern sollte, blieben ungeklärt.[31] Die ursprünglich ermittelte Spur zu weiteren Tätern wurde nicht weiter verfolgt.

Kurz nach dem Anschlag, im Juni 1995, verfügte Clinton eine Antiterror-Sonderdirektive, die alle Behörden auf die neu erklärte Terrorgefahr einschwor.[32] Die USA hätten zukünftig »keine höhere Priorität«, als Terroristen vom Zugriff auf biologische und andere Massenvernichtungswaffen abzuhalten. Entsprechende Notfallpläne sollten überprüft und getestet werden. Die wichtigsten Ministerien sowie CIA und FBI hätten dem Präsidenten fortan jährlich einen gemeinsamen »Antiterrorismus-Bereitschaftsplan« vorzulegen. Terrorismus entwickelte sich zum Hauptthema der Regierung.

In den folgenden Monaten und Jahren wurde diese Ausrichtung der Politik mit vielen Maßnahmen immer weiter verfestigt. Studien wurden in Auftrag gegeben, Konferenzen abgehalten, Anhörungen im Parlament veranstaltet. 1997 warnten die beiden Politstrategen James Woolsey (Ex-Chef der CIA) und Joseph Nye (Ex-Staatssekretär im Pentagon und Erfinder des Begriffes »Soft Power«) in einem großen Zeitungskommentar unter der Überschrift »Sich gegen den unsichtbaren Feind verteidigen«:

»Die Zerstörung des Bundesgebäudes in Oklahoma City und der Bombenanschlag auf das World Trade Center in New York haben die Amerikaner schockiert. Aber diese Tragödien wären noch viel schlimmer gewesen, wenn nukleare, biologische oder chemische Stoffe im Spiel gewesen wären. Dass dies in der Zu-

kunft der Fall sein wird, halten wir für immer wahrscheinlicher, nachdem wir ein Jahr lang für die Regierung eine Untersuchung geleitet haben. (…)

Terroristen überall auf der Welt haben leichteren Zugang zu Anthrax, Rizin oder Sarin als zu nuklearem Material. Bisher haben wir Glück gehabt. Aber wir sollten nicht auf ein weiteres Pearl Harbor warten, um uns die Tatsache bewusst zu machen, dass es keine größere Bedrohung für unsere Sicherheit gibt als Terrorismus mit Massenvernichtungswaffen. (…)

In den letzten Jahren ist ein neuer Typ von Terroristen aufgetaucht, die weniger ein politisches Ziel verfolgen und sich mehr auf Vergeltung oder Ausrottung dessen konzentrieren, was sie für böse halten. Ihre Motive gründen oft in einer verzerrten Form von Religion, die erstrebten Belohnungen liegen in einer jenseitigen Welt.«[33]

Dieser Text, der stellvertretend für die damals etablierte Antiterror-Kampagne einer militärischen und politischen Elite steht, enthielt eine Reihe untergründiger Botschaften. Zum einen rührte man mit dem Stichwort »Pearl Harbor« an ein nationales Trauma der Verwundbarkeit und Schutzlosigkeit, das in vielen Amerikanern tiefe Emotionen weckte. Zum anderen charakterisierten die Autoren den neuen Feind als gesichtslos (»shadow enemy«), irrational, verblendet und voller Todessehnsucht. Daraus folgte logisch, dass man mit diesem Feind nicht in Verhandlung treten konnte – was seine Bedrohlichkeit noch steigerte. Der namenlose bioterroristische Feind schien das Böse schlechthin zu verkörpern.

Im gleichen Jahr hielt US-Verteidigungsminister William Cohen im landesweiten Frühstücksfernsehen eine handelsübliche Packung Zucker in die Kamera und brachte mit dem Wort »Anthrax« die bis dahin gutgelaunten TV-Moderatoren zum Schweigen:

»Wenn Saddam Hussein diese Menge an Anthrax über einer Stadt wie Washington versprühen würde, wäre mindestens die Hälfte der Einwohner tot. Nur ein Atemzug, und Sie sterben wahrscheinlich in fünf Tagen.«[34]

Die Angst machende Aktion diente auch zur Werbung für ein geplantes Regierungsprogramm, alle mehr als zwei Millionen US-Soldaten verpflichtend gegen Anthrax impfen zu lassen – was dann nur teilweise umgesetzt wurde.[35] Viele Soldaten berichteten von schweren Nebenwirkungen.[36] Die Autorin Maureen Dowd kommentierte zu Cohens Fernsehauftritt mit der Zuckerpackung damals sarkastisch:

»In einer Zeit, wo sich die Leute mehr um Aktien als um Politik kümmern, hat die Vorstellung, dass Washington verschwinden könnte, es wieder relevant gemacht. Plötzlich tauchen Ängste auf, irakische Flugzeuge könnten den Tod aufs Einkaufszentrum regnen lassen und die Hauptstadt würde zu einem weiteren Nagasaki. Es war ein Zeitsprung in die Tage der Bombenbunker und der Anweisung, unter den Schreibtisch zu kriechen, sobald die Atombombe einschlägt.«[37]

Zugleich arbeiteten staatliche Forscher selbst im Geheimen an den bösartigsten Biowaffen. Die CIA entwickelte ab 1997 im Rahmen des Programms »Clear Vision« eine Bakterienbombe und untersuchte, wie genau die Krankheitserreger sich bei deren Einsatz verbreiten würden.[38] Der Militärgeheimdienst DIA begann im gleichen Jahr damit, eine gentechnisch aufgerüstete Variante des tödlichen Anthrax-Bakteriums zu fabrizieren (»Project Jefferson«) – was so geheim war, dass nach Aussage von Beteiligten selbst das Weiße Haus darüber »wahrscheinlich« im Unklaren gelassen wurde.[39] Als diese Biowaffenentwicklung später in der Presse enthüllt wurde, erklärte eine Sprecherin des Pentagons, das Projekt befinde sich vollkommen im Einklang mit der UN-Biowaffenkonvention, da die Forschung rein defensiven Charakter habe.[40]

Parallel starteten hinter den Kulissen erste Übungen, um zu testen, wie die Regierung auf einen bioterroristischen Angriff reagieren würde. Im Frühjahr 1998 trafen sich dazu 40 Vertreter verschiedenster Behörden in Washington.[41] Es wurde konkret. Dem durchgespielten Szenario zufolge hatten Terroristen in Kalifornien einen modifizierten Pockenvirus verbreitet, für den es keine Behandlungsmöglichkeiten gab. Im Zuge der sich rasch ausbreitenden fiktiven Epidemie und des Streits um Verantwortlichkeiten unter den beteiligten Behörden brach rasch Panik aus. Das Fazit des Tests: Man war schlecht vorbereitet und daher hoch gefährdet. Die *New York Times* berichtete davon in alarmistischem Tonfall auf Seite 1: »Übung zeigt, dass die USA nicht fähig sind, die Bedrohung durch Biowaffen zu bewältigen«.[42] Das war die Botschaft, die in der Folge immer wieder aufs Neue verbreitet wurde. Auch der Präsident selbst musste den Eindruck erhalten, in Gefahr zu schweben: Im Sommer 1998 ließ das FBI verlauten, Terroristen aus Texas hätten angekündigt, Clinton mit einer Biowaffe töten zu wollen.[43]

Im gleichen Jahr unterzeichnete Clinton weitreichende Anordnungen, wonach einerseits der Posten eines nationalen Antiterror-Koordinators geschaffen wurde und zum anderen alle wichtigen Behörden Pläne zum Schutz der kritischen Infrastruktur entwickeln sollten – und zwar in Form von Public-Private-Partnerships, also unter Beteiligung privater Unternehmen.[44] Der verkündete Antiterrorkampf eröffnete zahlreiche neue und gewinnbringende Geschäftsfelder.

Zunehmend gewann auch der außenpolitische Aspekt an Bedeutung. 1997 wurde das Project for the New American Century (Projekt für das neue amerikanische Jahrhundert) gegründet, eine Lobbyorganisation, die erheblichen Einfluss darin entfaltete, für eine aggressivere Außenpolitik und mehr Rüstung zu werben. Die Gruppe – darunter viele Ex-Mitglieder der Regierung Reagan, die in der Clinton-Zeit im Wartestand ausharrten, unter George W. Bush aber bald erneut Führungsaufgaben übernehmen würden – erklärte als ihr Hauptziel die »maßgebliche Erhöhung der Verteidigungsausgaben«, um einer »globalen Verantwortung« gerecht werden zu können.[45]

1998 schrieben die Initiatoren einen Brief an Präsident Clinton, in dem dieser gedrängt wurde, die irakische Regierung unter Saddam Hussein »von der Macht zu entfernen«, was ein »schwieriges, aber notwendiges Vorhaben« sei, bei dem man Clinton »volle Unterstützung« zusicherte. Begründet wurde die Forderung zum Putsch oder Krieg mit Saddams Massenvernichtungswaffen, insbesondere den chemischen und biologischen, deren Existenz man zwar nicht beweisen, aber eben auch nicht ausschließen könne.[46] Der Brief, unterzeichnet von fast 20 politischen Schwergewichten – darunter dem schon genannten Ex-CIA-Chef James Woolsey sowie dem zukünftigen Vizepräsidenten Dick Cheney –, ließ sich als kaum verhüllte Drohung an Clinton auffassen: Schwenkte er nicht auf den gewünschten Kriegskurs ein, würde er eine mächtige Allianz gegen sich haben.

Die Aufforderung erreichte Clinton in einer besonders heiklen persönlichen Lage im Januar 1998, nur wenige Tage, nachdem der Lewinsky-Skandal (Clintons Sexaffäre mit seiner Praktikantin Monica Lewinsky) in den Medien losgebrochen war. Der Präsident kam der Lobbygruppe rasch entgegen: Die erfolgreich verlaufenden Verhandlungen der UN-Waffeninspekteure mit dem Irak wurden von den USA sabotiert und noch im gleichen Jahr ein mehrtägiger Bombenangriff auf das unter den Wirtschaftssanktionen bereits schwer leidende Land befohlen.[47] Diese Episode war ein Vorläufer des Irakkriegs von 2003.

Das Project for the New American Century lancierte bald darauf die Studie »Rebuildung America's Defenses – Strategy,

Forces and Resources for a New Century« (»Die Verteidigung Amerikas neu aufbauen – Strategie, Kräfte und Ressourcen für ein neues Jahrhundert«). Das 90-seitige Papier erschien im September 2000, mitten im Präsidentschaftswahlkampf, der damals zwischen Clintons Vize Al Gore und dessen Herausforderer George W. Bush ausgefochten wurde. Ziel der Studie war es, der nächsten Regierung – egal ob nun unter Gore oder Bush – zu erklären, dass man das Militär radikal umbauen und die Ausgaben für Rüstung, insbesondere für neue Waffenforschung, dringend erhöhen müsse, um auch in den kommenden Jahrzehnten noch die Nummer eins in der Welt bleiben zu können.

Das Papier strotzte vor militärischen Machtfantasien und stammte aus der Feder von Thomas Donnelly, einem ehemaligen leitenden Beamten im Verteidigungsausschuss des US-Parlamentes und späteren PR-Berater des Rüstungskonzerns Lockheed Martin. Eine Randnotiz: Donnelly offenbarte später sein Doppelleben, im Geheimen als Frau gelebt zu haben. 2018 vollzog er eine öffentliche Verwandlung in Giselle Donnelly und lebt seither offen bekennend in einer sadomasochistischen Beziehung mit einer Ex-Offizierin der US-Marine.[48] Donnellys Studie ist oft zitiert worden, da darin ein Jahr vor 9/11 zu lesen war, dass ein »katastrophales und beschleunigendes Ereignis – wie ein neues Pearl Harbor« die empfohlene radikale Reform des Militärs wesentlich erleichtern würde.[49] Außerdem hieß es dort mit Blick auf die Zukunft:

»Die Kunst der Kriegsführung in der Luft, zu Lande und zu Wasser wird ganz anders sein als heute, und der ›Kampf‹ wird sich wahrscheinlich in neuen Dimensionen abspielen: im Weltraum, im ›Cyberspace‹ und vielleicht in der Welt der Mikroben. (…) Fortgeschrittene Formen der biologischen Kriegsführung, die auf bestimmte Genotypen ›zielen‹ können, könnten die biolo-

gische Kriegsführung aus dem Reich des Terrors in ein politisch nützliches Werkzeug verwandeln.«[50]

Da an der Diskussion und Erstellung dieser Studie auch ein halbes Dutzend hochrangige Offiziere des US-Militärs mitgewirkt hatte, war davon auszugehen, dass solche Gedanken in diesen Kreisen durchaus erwogen wurden. Tatsächlich hatte einer der führenden Biowaffenexperten des US-Militärs 1995 ein Strategiepapier verfasst, in dem es hieß:

»Biologische Waffen sind die einzigen Massenvernichtungswaffen, die sich im gesamten Konfliktspektrum verwenden lassen. Werden biologische Waffen unter der Tarnung einer räumlich begrenzten oder natürlich auftretenden Seuche benutzt, lässt sich ihr Einsatz glaubwürdig abstreiten. Unter diesem Aspekt bieten sie mehr Einsatzmöglichkeiten als Atomwaffen. (…) Sie können unter dem Deckmantel natürlicher Ereignisse außerhalb von Kriegen eingesetzt werden, sowie im offenen Kampf gegen Lebewesen aller Art – Menschen, Tiere oder Pflanzen. (…) Biologische Kriegsführung sollte nicht verengt auf das Töten oder Krankmachen von Menschen betrachtet werden. Das Potenzial, schwere wirtschaftliche Verluste und in der Folge politische Instabilität auszulösen, verbunden mit der Möglichkeit, den Einsatz glaubwürdig abstreiten zu können, übertrifft die Möglichkeiten jeder anderen bekannten Waffe.«[51]

Der Autor, Robert Kadlec, ein vormaliger Offizier der Spezialkräfte und Biowaffeninspekteur des US-Militärs im Irak, wollte diese Beschreibung als Warnung vor möglichen Plänen bösartiger Feinde der USA verstanden wissen. Dass er in seinem Papier mehrfach die Möglichkeit zur glaubwürdigen Leugnung eines solchen verdeckten Waffeneinsatzes betonte, machte aber zumindest hellhörig. Kadlec gelang später eine steile Karriere. 2007 wurde der Militär unter Präsident George W. Bush zum Chefberater der Regierung für »Biodefense«, 2017 dann zum Staatssekretär für Notfallmanagement im

Gesundheitsministerium. Dort schanzte er einem Pharma-
unternehmen, dem er zuvor als Berater gedient hatte, einen
zwei Milliarden Dollar schweren Vertrag über die Lieferung
eines Pockenimpfstoffs zu.[52] In der Corona-Pandemie ist er
heute einer der leitenden Krisenmanager der amerikanischen
Regierung.[53]

Festzuhalten bleibt: Die Themen Terrorismus und Biowaffen wurden in den 1990er-Jahren mit erheblichem Aufwand
und großer Konsequenz zu einem politisch nutzbaren Werkzeug geformt und füllten fortan die argumentative Lücke,
die durch das Verschwinden des Kommunismus entstanden
war. Der große Feind in Moskau wurde durch viele kleine
»Schurken« und gesichtslose »Bioterroristen« ersetzt, die
man im Interesse der allgemeinen Sicherheit in Schach zu
halten hatte. Was gleich blieb, war das grundlegende Prinzip: die Bevölkerung in Angst zu versetzen, um politischen
Handlungsspielraum zu gewinnen.

3 Dark Winter: Der Ausnahmezustand wird geprobt (1998–2001)

Im Jahr 1998 entstand eine weitere Institution, die seither eine Schlüsselrolle dabei spielt, das Thema Biosecurity auf der politischen Agenda zu halten und kontinuierlich weiterzuentwickeln. Die Rede ist vom schon erwähnten Center for Civilian Biodefense Studies, das mittlerweile unter dem Namen Center for Health Security in der Corona-Krise eine Führungsrolle übernommen hat. Das Center wurde in den vergangenen 20 Jahren zum Dreh- und Angelpunkt von wissenschaftlichen Konferenzen, Notfall-Übungen und, vor allem, der fortgesetzten Verbreitung des Angst machenden Themas in der Öffentlichkeit. Hier trafen sich Forscher, Militärs und Politiker, hier entwickelte man Pläne und Leitlinien, die bald auch weltweit prägend wurden.

Blickt man auf die Finanzierung des Centers und seiner Trägerorganisationen, dann wird deutlich, wie weit universitäre Forschung in den USA von privaten Geldgebern abhängt. Das Center erhielt seine Startfinanzierung durch die Johns Hopkins School of Public Health, die ihrerseits 1916 durch die Stiftung des Milliardärs John D. Rockefeller aufgebaut worden war als Teil der Johns Hopkins-Universität, welche wiederum 1876 durch eine Großspende des Milliardär Johns Hopkins gegründet werden konnte. Solche Einflüsse und Prägungen liegen nicht bloß in ferner Vergangenheit. Die School of Public Health ergänzte 2001 ihren Namen in Bloomberg School of Public Health, nachdem Michael Bloomberg, einer der reichsten Menschen der Welt – und bis Anfang 2020 US-Präsidentschaftskandidat –, der Johns Hopkins Universität insgesamt mehr als drei Milliarden (!) Dollar gespendet hatte.

Bloomberg, Rockefeller, Hopkins – was extrem reiche Menschen und die von ihnen bezahlten und ausgewählten Mitarbeiter für wichtig erachten, das erhält Forschungsgelder. Ihr Einfluss auf die Ausrichtung der von ihnen geförderten Institute ist ebenso groß wie der Umfang ihrer Spenden. Das Problem liegt nicht allein darin, dass es solchen Personen dank ihres immensen Reichtums möglich ist, ihre privat gewonnenen Anschauungen zum Maßstab der gesellschaftlichen Weisheit zu machen. Problematisch ist auch, dass so vermögende Gönner gern das fördern, was ihren eigenen Firmen oder den Unternehmen ihrer Freunde, Verbündeten und überhaupt ihrer gesellschaftlichen Sphäre langfristig nutzt und Gewinn verspricht.

Wer Milliarden an die Forschung spendet, der entscheidet maßgeblich über den Aufstieg ganz bestimmter Wissenschaftszweige und setzt Impulse und Trends, die die Politik aufnimmt und durch eigene Fördermittel noch verstärkt. Es ist ein qualitativer Unterschied, einer Institution zweckgebunden 100 000 Dollar oder aber 100 Millionen zu spenden: 100 000 fügen sich als Unterstützung in ein bestehendes Budget ein, 100 Millionen aber geben eine ganz eigene Richtung vor, an der sich auch andere Geldgeber orientieren.

Das Center for Civilian Biodefense Studies erhielt in den ersten Jahren seines Bestehens Geld von verschiedenen Superreichen, unter anderem von der Stiftung des Milliardärs Alfred Sloan. In einem Lob des Centers auf seinen Stifter heißt es:

»Als die Sloan Foundation im Jahr 2000 ihre Förderung startete, gab es das Arbeitsgebiet der Biosecurity noch nicht.

Es existierten kaum Forschungen und Stipendien dazu, keine Richtlinien oder Planungsinstrumente und nur wenige Beamte, die die zivile Katastrophenbereitschaft, die Planung und die Reaktionen lenkten. Über einen Zeitraum von zehn Jahren vergab die Sloan Foundation mehr als 44 Millionen Dollar an Zuschüssen für Biosecurity und spielte eine entscheidende Rolle bei der Etablierung des Fachgebiets und vieler seiner bekanntesten Führungskräfte. Das war gut investiertes Geld. Die Nation ist nun weitaus besser auf Bioterrorismus und andere katastrophale Bedrohungen der öffentlichen Gesundheit und der nationalen Sicherheit vorbereitet.«[1]

Eingefädelt hatte den Geldfluss der damalige Vorsitzende der Sloan Foundation, Ralph Gomory, Sohn eines politisch einflussreichen Bankers, selbst promovierter Mathematiker, langjähriger Vizechef des Computerkonzerns IBM, Mitglied des Council on Foreign Relations, Vorstandsmitglied der Washington Post Company, der Bank of New York sowie eines Pharmakonzerns.

Diese Aufzählung soll zeigen, dass über solche Stiftungsinvestitionen Menschen entscheiden, die in eine branchenübergreifende Elite eingebunden sind, deren interne Diskussionen nicht immer nach außen dringen. Anders als in demokratischen Entscheidungsprozessen öffentlich finanzierter Institutionen sind die Geldverwalter in privaten Stiftungen allein ihren Finanziers rechenschaftspflichtig. Stiftungen sind somit naturgemäß vom Geist und den privaten Zielen ihrer Gründer geprägt. Alfred Sloan (1875–1966) war einer der einflussreichsten Industriellen seiner Zeit, vor allem bekannt für seine Gewerkschaftsfeindlichkeit und seine Fokussierung auf unternehmerische Effizienz, bei der der Mensch aus dem Blick geriet. Von den 1930er- bis in die 1950er-Jahre leitete er General Motors, einen Konzern, der unter seiner Führung vor und während des Zweiten Weltkrieges einer der größten

Rüstungslieferanten war – pikanterweise sowohl für die USA wie auch für Nazideutschland. Sloan verdiente auf beiden Seiten des Krieges.[2]

Es wäre aber zu einfach, pauschal zu schlussfolgern, dass private Stiftungen »böse Ziele« verfolgen, bewusst Schaden anrichten oder Teil einer Verschwörung sind. Als Teil einer Struktur, die auf Konkurrenz und Bereicherung gründet und in der Macht sich immer weiter konzentriert, neigen sie allerdings dazu, ihre eigene Prägung, ihr eigenes fehlerhaftes »Betriebssystem« immer wieder neu zu reproduzieren. Was fehlt, ist der Korrekturmechanismus über eine demokratische Öffentlichkeit. Stiftungen können tun und lassen, was ihren Besitzern gefällt, wirken dabei aber intensiv auf Politik und Gesellschaft ein.[3]

Die Stiftungen, ihre Manager und Finanziers tendieren dabei zur Überschätzung der eigenen Klugheit sowie dazu, kraft ihrer Größe und Macht die eigenen Interessen mit denen des Landes gleichzusetzen. Berühmt ist das Zitat von Charles Wilson, dem Nachfolger von Alfred Sloan an der Spitze von General Motors, der 1953 zum US-Verteidigungsminister ernannt wurde und der auf die Frage eines Senators, ob sein großer Aktienbesitz am Unternehmen nicht zu einem Interessenskonflikt bei politischen Entscheidungen führen könne, antwortete:

»Ich kann mir keine solche Situation vorstellen, weil ich schon lange der Auffassung war, dass das, was gut für unser Land ist, auch gut für General Motors ist und umgekehrt. Den Unterschied gab es nicht. Unser Unternehmen ist zu groß. Es entwickelt sich mit dem Wohlstand des Landes. Unser Beitrag für die Nation ist ganz erheblich. (…) Ich kann mir so eine Situation einfach nicht vorstellen. Ich denke, wir werden uns keine solchen Dummheiten leisten, wie eine Verstaatlichung von Eigentum oder irgendetwas derartiges, wie es die Iraner gerade tun (…) Ich möchte Ihnen

sagen, dass es einen Wandel bei uns im Lande gibt. Die Menschen haben heute keine Angst vor Geschäftsleuten wie mir.«[4]

Diese Worte könnten heute auch von Bill Gates stammen oder von Amazon-Chef Jeff Bezos. Sie spiegeln eine institutionalisierte Korruption, die unangreifbar wird, wenn die Öffentlichkeit sich nicht daran stört, von Konzernmanagern regiert zu werden.

Ob nun der technikfixierte, effizienzbesessene Milliardär Sloan, der Mathematiker und Industriemanager Gomory, der dessen hinterlassene Stiftungsmilliarden später verwaltete, oder aktuell Bill Gates: Sie alle sind überzeugt, Gutes zu tun. Allerdings erfassen sie mit ihrem spezifischen Techniker-Tunnelblick und bedingt durch ihre soziale Abgrenzung von der normalen Bevölkerung meist nur das als relevantes Problem, was in ihrer eigenen Sphäre als wichtig und besorgniserregend gilt. Kinderarmut, Bildungsungerechtigkeit oder Pflegenotstand kommen da kaum vor, weil man selbst mit der eigenen Familie und den eigenen Freunden von solchen existenziellen Sorgen nicht betroffen ist und weil davon vermeintlich auch nicht die Betriebssicherheit des gesamten Systems abhängt, sondern »nur« die Lebensqualität der Menschen »unten«.

Bei Terrorismus und Epidemien sieht das anders aus – solche Gefahren bedrohen potenziell auch die Elite und ihre Konzerne. Als Gomory um die Jahrtausendwende entschied, der Biosecurity-Szene zum Durchbruch zu verhelfen, schien er ehrlich besorgt über einen zukünftig möglichen Terroranschlag mit biologischen Waffen.

Die erste Konferenz des »Center for Civilian Biodefense Studies« fand im Februar 1999, ein halbes Jahr nach der Gründung, statt und beeindruckte durch ihre Größe: Mehr als 900 Teilnehmer aus zehn Ländern waren nach Washington ins Hotel Crystal Gateway Marriott unweit des Pentagons gekommen, um zwei Tage lang über Bioterrorismus zu sprechen.[5] Versammelt hatten sich Militärs, Bürokraten und aufstrebende Forscher, die neben der Sorge vor einem Anschlag noch etwas anderes einte: Das Thema Biosecurity konnte ihrer aller Lebensgrundlage sichern. Gelang es ihnen gemeinsam, der Politik und der Öffentlichkeit die Wichtigkeit dieser Gefahr klarzumachen, dann waren Forschungs- und Projektgelder auf Jahre hinaus gesichert sowie die Schaffung ganz neuer Institutionen und Abteilungen in Aussicht, in denen man dauerhaft arbeiten konnte. Allen Beteiligten war klar: Dieses Thema hatte Potenzial.

Das galt auch für die Pharmaindustrie. Der Nationale Antiterror-Koordinator Richard Clarke, dessen Amt erst wenige Monate zuvor durch die neue Terrorfixierung geschaffen worden war, erklärte auf der Konferenz:

»Zum ersten Mal ist das Gesundheitsministerium Teil des nationalen Sicherheitsapparates der USA. (…) Die aktuelle Bioterrorismus-Initiative beinhaltet ein neues Konzept: die erstmalige Beschaffung von Spezialmedikamenten für ein nationales Zivilschutzlager. Sobald neue Impfstoffe und Medikamente entwickelt werden, kann dieses Programm erweitert werden. Die Initiative umfasst die Wiederbelebung von Forschung und Entwicklung in der Bioverteidigungswissenschaft; sie investiert in die Sequenzierung des Genoms von Krankheitserregern, in die Erforschung neuer Impfstoffe, in die Erforschung neuer Therapeutika und in die Entwicklung verbesserter Erkennungs- und Diagnosesysteme.«[6]

Mit anderen Worten: Ein Riesenmarkt für neue Produkte und Behandlungsmöglichkeiten tat sich auf, alles gekoppelt an die nationale Sicherheit und dadurch von der Regierung mit höchster Priorität versehen.

Referiert wurde auf der Konferenz, warum die neu erkannte Gefahr echt und keineswegs übertrieben sei, von wem sie drohe (Irak, militante US-Bürgerwehren) und welche Erreger am wahrscheinlichsten eingesetzt würden (Pocken, Anthrax). Oberst Gerald Parker, Chef der militärischen Biowaffen(verteidigungs)forschung in Fort Detrick, führte aus, dass sich leicht ermitteln lasse, aus welchen Bakterien und Viren Terroristen die effektivsten Biowaffen bauen könnten: Man müsse nur schauen, an welchen Biowaffen die USA selbst bis zum offiziellen Verbot 1969 geforscht hätten.[7]

Fraglich blieb, inwieweit dieses Verbot tatsächlich eingehalten wurde. 1999, im gleichen Jahr, als die Konferenz stattfand, ließ das Pentagon im Geheimen in der Wüste von Nevada eine Fertigungsanlage zur Herstellung von Anthrax bauen, mit der Vorgabe, dass alle Bestandteile dieser Anlage aus handelsüblichen, für jedermann verfügbaren Bauteilen bestehen sollten (»Project Bacchus«).[8] Nach vielen Monaten intensiver Arbeit gelang dies den Forschern. Angeblich hatte man herausfinden wollen, ob Terroristen ohne Zugang zu Hochtechnologie etwas Derartiges bewerkstelligen konnten. Allerdings ermöglichte so ein Projekt es theoretisch auch, einen Anthrax-Anschlag unter falscher Flagge durchzuführen, bei dem es dann so aussah, als wäre die Waffe von Amateurbastlern hergestellt und eingesetzt worden. Die vermeintliche Trennlinie zwischen offensiver und defensiver Biowaffenforschung, zwischen Abwehr, Angriff und Täuschung verlief in einer undurchsichtigen Grauzone.

Am zweiten Tag der Konferenz spielten die Teilnehmer ein aufwendig vorbereitetes Szenario durch, demzufolge nicht näher beschriebene Terroristen mit Pockenviren einen Anschlag auf die fiktive amerikanische Stadt Northeast verübt hatten. Der siebenseitige Plan sah in allen Details den Ablauf der Krise über einen Zeitraum von zwei Monaten voraus.[9] Die Katastrophe war plastisch und anschaulich beschrieben, der Text las sich wie ein Filmdrehbuch. Besonders realistisch wurde die Übung dadurch, dass die Rollen der medizinischen und politischen Akteure auf der Konferenz von Teilnehmern gespielt wurden, die auch im echten Leben Verantwortung in den jeweiligen Institutionen trugen. Einige Passagen des Auswertungsberichtes von 1999 klingen mit Blick auf die aktuelle Corona-Krise vertraut:

»Die Frage, wie die an die Öffentlichkeit gehende Botschaft kontrolliert werden kann, beschäftigt alle Diskussionsteilnehmer. (…) Ein PR-Experte weist darauf hin, dass die offiziellen Kanäle während der Epidemie nicht die einzige Informationsquelle sein werden. (…) Es könnte sich als äußerst schwierig erweisen, die über die Medien gehende Botschaft zu kontrollieren, zumal es möglicherweise keinen Konsens darüber gibt, was die Botschaft überhaupt sein sollte. Mehrere Diskussionsteilnehmer weisen auf die Notwendigkeit hin, sicherzustellen, dass die den Medien präsentierten Informationen stimmig und glaubwürdig sind. (…)

Die Verteilung von Antibiotika und Impfstoffen stellt ein logistisches Problem dar, das überwunden werden muss. (…) Zehntausende Menschen sind geimpft, aber noch viel mehr brauchen Impfstoff. (…) Es muss ein Konsens darüber erzielt werden, wie mit den Impfungen verfahren werden soll. (…) Nach einem Fall aus dem Jahr 1905 in Massachusetts, so informiert ein leitender Mitarbeiter des Justizministers, stellen Zwangsimpfungen keinen Verstoß gegen ein rechtmäßiges Verfahren dar und sind daher legal. Die lokale, regionale und Bundesebene der Regierung sind also nicht daran gehindert, die als gefährdet eingestuften Personen zu impfen. (…)

Wie weit kann die Polizei gehen, um Patienten in Quarantäne zu halten? Die Grenzen der Notfallbefugnisse sollten bei jeder Planung im Vorfeld klar abgesteckt werden. (…) Hätte die Stadt unter sofortige Quarantäne gestellt werden sollen? Hätte das Kriegsrecht verhängt werden müssen?«[10]

Das Übungsszenario, in dessen Verlauf schließlich Unruhen ausbrechen, die Nationalgarde zur Hilfe gerufen wird und der Bürgermeister einen Herzinfarkt erleidet, schließt mit den Worten:

»Ohne Impfstoff ist die einzige Kontrollmethode die Isolierung, was die Ausbreitung der Krankheit behindert, aber nicht aufhalten kann. Bis zum Jahresende haben sich die Pocken in 14 Ländern wieder ausgebreitet.«[11]

Im November 2000 traf sich der gleiche Kreis von Verantwortlichen der verschiedenen Behörden erneut zu einer zweiten großen Konferenz zum gleichen Thema.[12] Finanzierungsprobleme hatte man nicht, da inzwischen die ersten Millionen von der Sloan Foundation eingegangen waren.[13] Diesmal hieß die fiktive Stadt nicht Northeast, sondern Goodtown und es brachen nicht die Pocken aus, sondern die Pest. Verantwortlich waren abermals nicht näher beschriebene Terroristen. Der terroristische Aspekt blieb diesmal jedoch deutlich im Hintergrund. Das Planspiel stand unter der Überschrift: »Epidemie-Reaktionsszenario: Entscheidungsfindung in einer Zeit der Pest«.[14] Fokussiert wurde auf die Epidemie-Situation als solche.

Die Übung bestand wieder aus einer moderierten Diskussionsrunde, der die Gesprächsleiterin aus ihrem Drehbuch jeweils den aktuellen Nachrichtenstand zur sich ausbreitenden Epidemie mitteilte. Die Teilnehmer wurden dann gebeten, zu erläutern, wie sie sich in der entsprechenden Situation verhalten würden, und darüber miteinander zu diskutieren. Folgende Eskalationsstufe wurde im Szenario zur Debatte gestellt:

»In mehreren Städten kommt es wegen der Verteilung von Antibiotika zu Schießereien. In den meisten betroffenen Bundesstaaten wird die Nationalgarde zu Hilfe gerufen, um für die sichere Verteilung von Antibiotika und medizinischen Hilfsmitteln zu

sorgen und die Sicherheit des Krankenhausbetriebs zu gewähr-
leisten. Der Anblick von bewaffneter Militärpräsenz in amerika-
nischen Städten provoziert Proteste gegen die Beschneidung der
bürgerlichen Freiheiten, gleichzeitig fordern einige Gouverneure
vom Verteidigungsministerium zusätzliche Unterstützung bei der
Bereitstellung von Material, Personal und Sicherheit.

Die Isolationsmaßnahmen sind von Staat zu Staat sehr un-
terschiedlich. In einigen Bundesstaaten wird jede Person mit
möglichen Pestsymptomen isoliert und bewacht. (...) Jeder
Staat entscheidet selbst, ob er die Bewegungsfreiheit in der
Öffentlichkeit einschränkt, einschließlich möglicher Ausgangs-
sperren, Verbote von Zusammenkünften von mehr als einigen
wenigen Personen und der Schließung von Autobahnen, Flug-
häfen und Bahnhöfen.«[15]

Nachdem das Szenario verlesen worden war, folgte eine
simulierte Telefonkonferenz, auf der die Teilnehmer erörtern
sollten, »ob diese Art von Zwangsisolation und Quarantäne
eine gute Idee ist oder nicht«. Die Diskussionsleiterin Tara
O'Toole, zugleich Vizechefin des Center for Civilian Biodefense Studies und auch Autorin des Drehbuchs, gab die
Anweisung in die Runde: »Würden Sie nun bitte dieses Gespräch führen?«[16]

Die Rolle des Beauftragten für Notfallmanagement der
Regierung spielte Jerome Hauer, der zu der Zeit – ein Jahr
vor den Anschlägen von 9/11 – im realen Leben die gleiche
Funktion für die Stadt New York innehatte und dort das Office
of Emergency Management leitete. Hauer dachte laut nach:

»Die Frage ist, wie und in welchem Maße wir diese Dinge
durchsetzen. Wie viel Gewalt wendet man an, um die Menschen
in ihren Häusern zu halten? Ich würde gerne verstehen, wie
wir vorgehen können, wenn wir die Nationalgarde einsetzen
(...), sodass wir sie zusammen mit unserer örtlichen Polizei zu
Strafverfolgungszwecken nutzen können.«[17]

Die Runde wurde dann informiert, dass laut Drehbuch das Parlament soeben im Eilverfahren ein Gesetz verabschiedet habe, das es der Bundesregierung erlaube, auch direkt in den Bundesstaaten eine Quarantäne zu erlassen. Die Diskussionsleiterin wandte sich an Margaret Hamburg, eine leitende Beamtin im Gesundheitsministerium, die in der Übung die US-Gesundheitsministerin spielte. Sie schlug vor:

»Ich würde Verbote für öffentliche Versammlungen empfehlen oder einführen und empfehlen, dass die Menschen zu Hause bleiben, wenn sie nicht krank sind. Ich würde verschiedene Reisebeschränkungen erlassen, aber ich würde nicht versuchen, eine echte Quarantäne im klassischen Sinne zu verhängen.«[18]

Im Nachhinein wird deutlich: Wesentliche Fragen, die die Politik und die Öffentlichkeit in der Corona-Krise umtreiben, wurden schon 20 Jahre zuvor in einem kleinen Kreis von Verantwortlichen sehr ernsthaft diskutiert. Die Planspiele aus den Jahren 1999 und 2000 bildeten dabei nur den Auftakt zu einer ganzen Reihe von gleichartigen Übungen des Centers, die in der Folge immer weiter verfeinert und immer hochrangiger besetzt wurden.

Mit dem Blick von heute wirkt es so, als habe man sich sehr zielgerichtet auf einen Ausnahmezustand in Zusammenhang mit einer Epidemie vorbereitet, als habe man sich ein solches Ereignis immer plastischer, immer detailreicher vorgestellt, als habe man alle Eventualitäten, alle denkbaren Varianten so lange und so intensiv diskutiert, bis man, als die beschworene Gefahr schließlich zur Realität wurde, die vorbereiteten Pläne einfach abspulen konnte.

Die Teilnehmer dieser Veranstaltungen gehörten fast alle zu einer kleinen Biosecurity-Szene, hatten verschiedene Schlüsselpositionen in Behörden, Beratungsfirmen und Forschungseinrichtungen inne und wechselten nahtlos zwischen staatlichen und privaten Institutionen. Ihre Namen begegneten einem immer wieder, nicht nur bei den Übungen, sondern auch auf wichtigen Regierungsposten: Tara O'Toole, Jerome Hauer, Margaret Hamburg, James Woolsey, Jeffrey Smith. Sie kannten sich zum Teil seit vielen Jahren, einige hatten Geheimdienstverbindungen. Jeffrey Smith etwa, der an mehreren Übungen teilnahm, war zeitweise Chefjurist der CIA. Tara O'Toole, die für einige der Übungen die Szenarien entwickelte, wechselte später als Staatssekretärin in die US-Regierung, dann in den Vorstand von In-Q-Tel, einer CIA-Firma, die in junge Hochtechnologie-Unternehmen investiert, deren Produkte für den Geheimdienst von Interesse sind.[19]

Das nächste Planspiel (»Dark Winter«, Juni 2001) wirkte nochmals deutlich professionalisiert. Man traf sich nun nicht mehr in einem Hotel, sondern auf dem hoch gesicherten Militärstützpunkt Andrews Air Force Base nahe Washington. Wieder ging es um einen Pockenanschlag, das schien offenbar eine fixe Idee der Autoren zu sein. Diesmal startete er laut Drehbuch in Oklahoma. Der Gouverneur dieses Bundesstaats, Frank Keating, nahm an der Übung teil – und spielte sich selbst.

Stolz berichteten die Planer, dass zu den Teilnehmern auch fünf bekannte Journalisten aus Mainstreammedien gehörten, die bei einer simulierten Pressekonferenz als Mitspieler dabei waren, darunter die schon erwähnte *New York Times*-Reporterin Judith Miller.[20] Eigens für die Übung waren täuschend echt wirkende »Live«-Fernsehnachrichten zum Biowaffenanschlag vorproduziert worden, die man den Teilnehmern per Video einspielte – für noch mehr Authentizität und Nervenkitzel. Dazwischen wurden Schockbilder von pockenübersäten Menschen eingestreut.

Teil der Übung war auch die regelmäßige Präsentation von Statistiken mit den sich entwickelnden Fallzahlen und Kurven, wie man es inzwischen aus der Corona-Krise kennt.

Laut Drehbuch wurde eine Art Lockdown beschlossen (ein Wort, das man damals allerdings noch nicht verwandte). Das öffentliche Leben wurde heruntergefahren, Schulen und Grenzen geschlossen. Diskutiert wurde außerdem das Für und Wider einer Ausrufung des Kriegsrechts.

Vor allem aber drehte sich abermals alles um Impfungen. Gab es genug Impfstoff? Waren Zwangsimpfungen nötig? Sorgen machte den Planern erneut, dass sich unerwünschte Informationen möglicherweise unkontrolliert verbreiten könnten. Gefragt wurde in diesem Zusammenhang, ob man eventuell Gesetze brauche, um »gefährliche Informationen zu verbieten«[21], da »Falschinformationen« über den Pockenausbruch »im Internet auftauchen« würden, darunter »falsche Berichte über Heilmittel«.[22]

Am Ende des »Dark Winter«-Planspiels, das mit einer Million Toten rechnete, trat der Darsteller des US-Präsidenten, Ex-Senator Sam Nunn, vor die simulierte Öffentlichkeit und erklärte:

»Wir glauben nun, dass wir mit Hilfe verschiedener privater Arzneimittelfirmen etwa zwölf Millionen Dosen Pockenimpfstoff pro Monat herstellen können. Die erste Dosis wird erst in fünf Wochen verfügbar sein. Wir müssen bedenken, dass es sich um einen nicht lizenzierten Impfstoff handeln wird, der nicht am Menschen getestet worden ist.«[23]

Durch die verordneten Freiheitsbeschränkungen entstand laut Szenario schwerer wirtschaftlicher, aber auch demokratischer Schaden. In einer Nachbetrachtung formulierten die Autoren eine ihrer Kernfragen: »In welchem Ausmaß kann und sollte die Regierung die bürgerlichen Freiheiten verletzen? Unter welchen Bedingungen können diese Befugnisse ausgeübt werden?«[24] Im Drehbuch selbst hieß es dazu:

»Die Amerikaner können grundlegende Bürgerrechte wie das Versammlungsrecht oder die Reisefreiheit nicht länger für selbstverständlich nehmen.«[25]

Auffällig war, dass in all diesen Übungen nicht nur ein Gesundheitsnotstand mit überlasteten Krankenhäusern und vielen Epidemie-Toten durchgespielt wurde, sondern seltsamerweise in allen Drehbüchern immer auch Unruhen im Land ausbrachen und man darauf mit einem Einsatz des Militärs und starken Freiheitsbeschränkungen reagieren musste. Es schien, als dienten die Bioterrorübungen mit ihren ständigen Pocken- und Pest-Anschlagsszenarien auch als Vorwand für das gründliche Proben eines politischen Ausnahmezustands. Mit einem solchen rechnete man offenbar.

Die Übung »Dark Winter« wurde, wie erwähnt, im Juni 2001 durchgespielt, drei Monate vor den Anschlägen von 9/11. In deren Folge geriet die Gefahr durch Biowaffen nochmals stärker in den Fokus der Öffentlichkeit, ausgelöst vor allem durch die damaligen Anthrax-Anschläge, die bis heute viele Fragen aufwerfen.

Briefe mit dem tödlichen Pulver erreichten im September und Oktober 2001 unter anderem zwei einflussreiche Abgeordnete, während man im Parlament ein Gesetzespaket mit brisantem Inhalt diskutierte. Der sogenannte »USA Patriot Act« sollte es ermöglichen, ausländische Terrorverdächtige ohne Gerichtsverfahren auf unbestimmte Zeit einzusperren. Damit schuf die Regierung die Grundlage für das System Guantánamo, das zu US-Geheimgefängnissen in aller Welt führte.[26] Auch das Abhören der eigenen Bürger sowie der Einsatz von Geheimdiensten im Inland wurden durch das radikale Gesetzespaket erleichtert.[27]

Zwei einflussreiche Kritiker dieser Änderungen waren Senator Tom Daschle, Mehrheitsführer im Senat, und Senator Patrick Leahy, Vorsitzender des Justizausschusses.[28] Beide verfügten über die institutionelle Macht, die Verabschiedung des Gesetzespaketes zu behindern – und beide erhielten genau in dieser Zeit Drohbriefe mit den tödlichen

Anthrax-Erregern, deren Ursprung bis heute nicht geklärt ist. Daschle und Leahy gaben daraufhin ihren Widerstand auf und stimmten dem Gesetzespaket zu.[29] Daschle wurde wenig später von Vizepräsident Cheney in einem Telefonat gebeten, die 9/11-Anschläge nicht von einer parlamentarischen Kommission untersuchen zu lassen, um »keine Kräfte vom Krieg gegen den Terror abzuziehen«.[30]

Die offiziellen Hypothesen der Regierung zu den Hintermännern der Anthrax-Anschläge wechselten mehrfach. Zuerst wies man auf Osama Bin Laden und Al Qaida, die nach den Flugzeug-Angriffen auf die Twin Towers nun angeblich eine »zweite Welle« mit bioterroristischen Anschlägen verüben würden. Dann wurde der Irak ins Spiel gebracht. Die in den Medien verbreitete Angst, Bin Laden oder Saddam Hussein könnte mit Biowaffen zuschlagen, nutzte die Regierung in dieser Zeit als Argument für ihre Kriegspläne gegen Afghanistan und den Irak.

Doch für die Hypothese fanden sich keine Belege. Ab 2002 wurde die Untersuchungsrichtung dann um 180 Grad gedreht. Die Behörden begannen, gegen einen Biowaffenforscher aus dem eigenen Militärlabor in Fort Detrick zu ermitteln. Das erwies sich jedoch als Fehlspur. Der verdächtigte Forscher Steven Hatfill verklagte die US-Regierung erfolgreich auf Schadenersatz.

Ab 2008 hieß es dann plötzlich, Bruce Ivins, ein weiterer Biowaffenforscher aus dem Militärlabor in Fort Detrick, sei für die Anthrax-Briefe verantwortlich. Kurz nachdem die Ermittlungen gegen ihn begannen, beging er Selbstmord, was zur Einstellung des Verfahrens führte. 2010 wurde im Rahmen einer Anhörung vor der National Academy of Science deutlich, dass wohl auch Ivins nicht für die Anthrax-Anschläge verantwortlich gewesen sein konnte.[31] Der Verdacht einer Verschwörung aus dem Staatsapparat heraus steht seither im Raum.[32]

Der spontan verstorbene Ivins verfügte über brisantes Insiderwissen. Er hatte in den 1990er-Jahren an einem Anthrax-Impfstoff geforscht, der, wie im letzten Kapitel schon erwähnt, mehr als zwei Millionen US-Soldaten verabreicht werden sollte, was dann abgebrochen worden war.[33] Im Jahr 2000 hatte das Pentagon Ivins und einige seiner Kollegen damit beauftragt, die Firma BioPort, der es nicht gelang, einen Anthrax-Impfstoff zur Zulassungsreife zu bringen, fachlich zu unterstützen.[34] Brisant daran: Einer der Eigentümer des Unternehmens, Admiral William Crowe, war zuvor Chef des Vereinigten Generalstabs und damit oberster US-Militär gewesen.[35] Nach den Anschlägen von 9/11 ging es sehr schnell mit der amtlichen Zulassung und die Geschäfte liefen wie geschmiert.[36]

4 Atlantic Storm: Epidemien als Türöffner (2001–2018)

Nach den Anschlägen von 9/11 explodierte das Thema Biosecurity förmlich – was sich auch an den Börsenkursen einzelner Unternehmen ablesen ließ. Die Aktien des kleinen Pharmaherstellers Acambis stiegen um 45 Prozent, nachdem die Firma kurz nach dem Zusammenbruch der Twin Towers einen 400-Millionen-Dollar-Deal mit der US-Regierung eingefädelt hatte. Dafür verpflichtete sie sich zur Lieferung eines Pockenimpfstoffs, der im Notfall der gesamten Bevölkerung verabreicht werden konnte.[1]

Wie schon beim gerade geschilderten Fall BioPort, so fiel auch hier auf, dass bei der Auftragsvergabe eine relativ kleine Firma zum Zuge kam, die wirtschaftlich alles andere als stabil erschien.[2] Auch bei diesem Unternehmen zeigten sich allerdings enge Verbindungen zur Regierung. Der Forschungsleiter von Acambis, Thomas Monath, war pensionierter Oberst der US Army, Ex-Chefvirologe in Fort Detrick sowie von 1998 bis 2000 leitender wissenschaftlicher Berater der CIA gewesen.[3]

Vergeben hatte den Auftrag der US-Gesundheitsminister Tommy Thompson, für dessen Mitarbeiter die Gefahr eines Anschlages mit Pocken auch deshalb so präsent war, dass man derartige Summen zur Vorbeugung ausgab (die für andere Ausgaben im Gesundheitswesen entsprechend fehlten), weil in den geschilderten Übungsszenarien der vorangegangenen Monate und Jahre immer wieder ausdrücklich auf Pocken fokussiert worden war. Nach 9/11 zahlte sich die Formulierung dieser Drehbücher für einige Pharmafirmen also direkt aus.

Auch in Europa profitierten Hersteller. Anfang 2003 bestellte die deutsche Gesundheitsministerin Ulla Schmidt ohne Ausschreibung im Eilverfahren für viele Millionen Euro einen Pockenimpfstoff. Zur Begründung gegenüber dem Finanzministerium hieß es in einem internen Vermerk, Deutschland sei ein »besonders attraktives Ziel für bioterroristische Angriffe« und müsse nach einem Angriff mit Pockenviren mit »etwa 25 Millionen« Toten rechnen. Mit Blick auf den sich abzeichnenden Irakkrieg sei daher wegen der »akuten Verschärfung der Gefährdungslage« Eile bei der Beschaffung geboten. Den Sicherheitsbehörden lägen Erkenntnisse vor, dass Pockenerreger in Russland, Irak und Nordkorea gelagert würden. Außerdem gebe es Hinweise darauf, dass Terroristen versuchten, Biowaffen herzustellen. Als der regierungsinterne Vermerk öffentlich bekannt wurde, ruderte die Ministerin zurück.[4] Angela Merkel, damals noch Oppositionsführerin, forderte daraufhin – drei Wochen vor Beginn des Irakkrieges – vergeblich eine Bundestagsdebatte zur Terrorgefahr durch Pocken.[5] Der Spiegel schrieb:

»Umstritten ist, ob der in Deutschland nicht mehr zugelassene Pockenimpfstoff überhaupt für Präventivimpfungen verwendet werden darf. ›Es gibt Notstandsregelungen, die bereits existieren und dies zulassen‹, sagt RKI-Präsident Kurth. Auch habe sich der Bund für Phase 1 des Plans bereit erklärt, den Versicherungsschutz zu übernehmen, falls einige der Impflinge Gesundheitsschäden davontragen sollten.«[6]

Insgesamt gab die Bundesregierung in dieser Zeit 200 Millionen Euro für die Beschaffung eines Pockenimpfstoffs aus.[7]

Solche fragwürdigen Geschäfte hatte es auch vorher schon gegeben. Was sich nach dem 11. September 2001 änderte, war etwas Grundlegenderes: Das Thema Biosecurity wurde zielgerichtet institutionalisiert und internationalisiert. Anders gesagt: Es entstanden länderübergreifende Strukturen, mit deren Hilfe die nationalen politischen Reaktionspläne auf Epidemien synchronisiert wurden. In dieser systematisch vorangetriebenen Entwicklung liegt die Ursache der heutigen globalen »Corona-Gleichschaltung« – der nahezu einheitlichen Reaktion verschiedenster Länder auf das Auftauchen des Virus.

Es begann mit einer Konferenz, die der schon erwähnte US-Gesundheitsminister Tommy Thompson kurz nach 9/11 initiiert hatte. Auf seinen Anstoß hin – und begründet mit den damals gerade durch die Medien gehenden Anthrax-Anschlägen – trafen sich im November 2001 die Gesundheitsminister Deutschlands, Frankreichs, Italiens, Großbritanniens, Kanadas, Japans, Mexikos sowie der USA.[8] Die Runde entsprach in ihrer Zusammensetzung der G7, ergänzt um Mexiko. Gemeinsam gründete man die sogenannte Global Health Security Initiative.

Erklärtes Ziel war es, »Informationen auszutauschen und Methoden innerhalb des Gesundheitssektors zu koordinieren, um neuen Bedrohungen und Risiken für die globale Gesundheit zu begegnen«.[9] Gemeint waren damit vor allem Angriffe mit Biowaffen. Zugleich ging es von Anfang an auch um Impfstoffe und gemeinsame Regelungen für deren Ankauf. Unter anderem wurde vereinbart, zukünftig »bei der Beschaffung von Impfstoffen zusammenzuarbeiten«, einen »konstruktiven Dialog zu den rechtlichen Rahmenbedingungen bei der Impfstoffentwicklung« zu führen, Notfallpläne miteinander auszutauschen, gemeinsame Übungen durchzuführen sowie die Hochsicherheitslabore überall auf der Welt besser miteinander zu vernetzen.[10]

Die Gruppe traf sich fortan jährlich, nach eigener Darstellung als informeller Kreis. Man fasste also keine amtlichen

Beschlüsse. Da sich die Minister (oder deren engste Vertraute) aber persönlich begegneten, entfalteten die Treffen natürlich politische Wirkung. Von Anfang an wurde dabei großer Druck gemacht:

»Um diesen Prozess schnellstens voranzutreiben, wird jeder von uns [Ministern] einen hohen Beamten benennen, der dafür sorgt, dass dieser Plan in konkrete Maßnahmen umgesetzt wird. Beamte aus jedem Land werden unverzüglich zusammenkommen, um die spezifischen Maßnahmen dieses Plans zu konkretisieren. Darüber hinaus bilden diese hohen Beamten ein Netzwerk für die schnelle Kommunikation und Reaktion im Krisenfall.«[11]

So stand es im ersten Dokument der Gruppe vom November 2001. Schon ein Jahr später, im Dezember 2002, gingen die Gesundheitsminister der acht Länder den nächsten weitreichenden Schritt. Sie erweiterten das Programm der zu koordinierenden Notfallpläne um Pandemien:

»Wir haben erkannt, dass es viele Gemeinsamkeiten gibt in der Notfallplanung für Bioterrorismus und für eine Grippepandemie. Wir haben uns geeinigt, eine technische Arbeitsgruppe zur Grippepandemie einzurichten, die gemeinsam von den USA und Großbritannien geleitet wird, um bestehende Lücken anzugehen und den Forschungsbedarf zu untersuchen. Diese Arbeit sollte in Zusammenarbeit mit der WHO und anderen geeigneten internationalen Organisationen durchgeführt werden.«[12]

Die gerade erst neu geschaffenen Netzwerke zur Synchronisierung der Politik sollten also nicht nur bei einem Terroranschlag, sondern auch bei einer länderübergreifenden Epidemie zum Einsatz kommen.

Man muss sich vor Augen führen, dass die Schaffung der gesamten Struktur, die all diese Maßnahmen »informell« beschloss (aber sehr real umsetzte), auf einem Fake aufgebaut war, nämlich auf der Behauptung, die Anthrax-Anschläge seien von einer ausländischen Terrorgruppe verübt worden und würden daher in ähnlicher Form auch anderen Ländern drohen. Mit der daraus entstandenen Furcht spannte man, ausgehend von den USA, die ganze westliche Welt in ein immer komplexer werdendes Übungsgeschehen ein. Dieses lief bei allen Szenarien stets auf drei Ziele zu: Ausnahmezustand, Massenimpfung und ausgeweitete staatliche Durchgriffsrechte. Das war es, was man probte.

Die erste Übung der internationalen Gruppe fand vom 8. bis 10. September 2003 unter dem Titel »Global Mercury« statt. Wegen des im gleichen Jahr erfolgten SARS-Ausbruchs hatte man das Manöver verschieben müssen. Man traf sich nun nicht mehr an einem Ort, sondern spielte das Szenario – erneut einen Pockenausbruch – gleichzeitig in allen teilnehmenden Behörden der acht Länder durch. Zu den Mitspielern gehörten außerdem Vertreter der WHO und der EU-Kommission. Mehrere Hundert Beamte in aller Welt nahmen teil.

Deutschland stellte drei Teams im Gesundheitsministerium und im Robert Koch-Institut zur Verfügung, die sich in Acht-Stunden-Schichten abwechselten.[13] Durchgespielt wurde vor allem die Kommunikation untereinander während der Krise – die erwartungsgemäß wenig reibungslos verlief. Das Team um den Übungsleiter, das hierarchisch oberhalb der Teilnehmer angesiedelt war (siehe Grafik auf der nächsten Seite), speiste immer wieder sogenannte »injects« in das Geschehen ein – aktuelle Nachrichten, E-Mails oder Telefonanrufe, auf die die Teilnehmer, also Politiker und Behördenleiter, dann reagieren mussten.

Man kam zum Ergebnis, dass es in zukünftigen Krisen einen zentralen Informationsknotenpunkt geben sollte – jemanden, der alle Daten sammelte und verteilte. Diese Rolle wollte man der WHO zuweisen.[15]

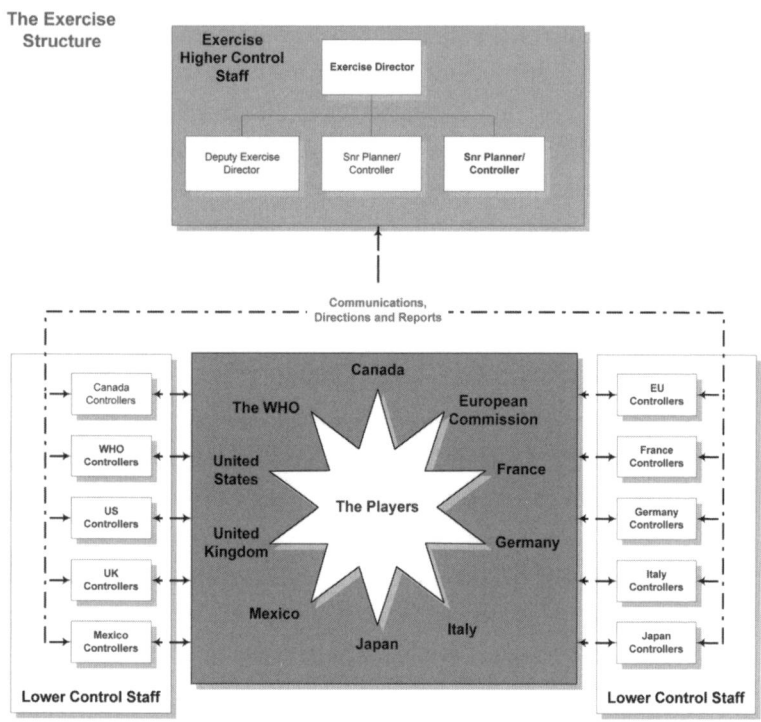

The Exercise Structure

Diese Grafik aus dem Abschlussbericht der Übung Global Mercury, die im September 2003 stattfand, zeigt die vorgesehenen Rollen der Planer und Mitspieler.[14]

Die wesentliche Neuerung der Übung lag in ihrer Internationalität. Mit den USA, Japan, Deutschland, Frankreich, Großbritannien und weiteren Ländern waren einige der stärksten Wirtschaftsmächte der Welt als Mitspieler in die Planung integriert.

Die somit enorm erhöhte Komplexität durch multinationale Abstimmungsprozesse wurde in der Folge weiter trainiert. Diese Aufgabe übernahmen erneut die Profis um Tara O'Toole vom Center for Civilian Biodefense Strategies, das mittlerweile als Center for Biosecurity firmierte. Das Center konzipierte ein weiteres Manöver, das unter dem Titel »Atlantic Storm« am 14. Januar 2005 in Washington abgehalten wurde. Es knüpfte an »Dark Winter« aus dem Jahr 2001 an, war nun aber ebenfalls internationalisiert. Die Hauptfrage lautete: »Wie würden die Staats- und Regierungschefs der Welt die Katastrophe einer sich schnell ausbreitenden globalen Epidemie einer tödlichen Krankheit bewältigen?«[16]

Die Übung, die diesmal nicht auf einem Militärstützpunkt stattfand, sondern im frisch eröffneten Washingtoner Fünf-Sterne-Hotel Mandarin Oriental, wurde für so bedeutend gehalten, dass die Organisatoren sie selbst zunächst in einem Probelauf übten, vier Tage vorher, mit anderen Teilnehmern.[17]

Die Übungsrunde war diesmal hochrangiger besetzt. Die Rolle des US-Präsidenten übernahm Ex-US-Außenministerin Madeleine Albright, die WHO-Chefin spielte die ehemalige norwegische Ministerpräsidentin Gro Harlem Brundtland, die die WHO auch im realen Leben kurz zuvor geleitet hatte. Den deutschen Bundeskanzler verkörperte der FDP-Politiker Werner Hoyer, ehemaliger Staatsminister im Auswärtigen Amt und Luftwaffen-Major der Reserve. Er meinte später:

»Für jemanden, der seit vielen Jahren in den Bereichen Sicherheit und Verteidigung tätig ist, war dies eine ziemlich überraschende und atemberaubende Übung. Ich glaube, Dinge wie diese sind nur einer sehr kleinen Minderheit von Politikern in Europa bewusst.«[18]

Neben den elf Mitspielern, zu denen Hoyer zählte, waren mehr als 100 Beobachter eingeladen aus Politik, Militär, Medien und Pharmaindustrie. Vertreter von zwei Impfstoffherstellern waren anwesend. Zu den deutschen Beobachtern gehörten neben Florian Reindel (einem hochrangigen Mitarbeiter von Wolfgang Ischinger, damals deutscher Botschafter in Washington) auch die USA-Korrespondenten der *FAZ*, Matthias Rüb, und der *ZEIT*, Thomas Kleine-Brockhoff (später Chef der Planungsabteilung von Bundespräsident

Joachim Gauck), sowie ein Vertreter des Robert Koch-Instituts: Walter Biederbick, Leiter des dortigen Zentrums für Biologische Sicherheit und vormals als Bundeswehroffizier bei der NATO-Einsatzplanung tätig.[19]

Biederbick gehörte außerdem zu einem 14-köpfigen »Transatlantic Biosecurity Network«, dessen Mitglieder für die Übung beratend tätig gewesen waren, laut den Veranstaltern als »Privatpersonen und nicht als offizielle Vertreter ihrer Nationen oder Arbeitgeber«.[20] Biederbick forschte später am RKI auch zur Krisenkommunikation im Pandemiefall, die nach seinen Worten »intensiv auf internationaler Ebene abgestimmt« werde, da es »fatal wäre, wenn in jedem Land etwas anderes gesagt wird«.[21]

Die internationale Szene, die bei dieser Übung zusammenkam, repräsentierte genau die Verschmelzung aus Politik, Pharmaindustrie, Forschung, Militär und Medien, die sich die Veranstalter wünschten – alles mit transatlantischer Prägung, also unter amerikanischer Führung.

Zu den eingeladenen Beobachtern gehörte auch Anders Tegnell, der heutige schwedische Chefepidemiologe, damals Projektleiter für die Entwicklung eines Pandemieplans für Schweden. Tegnell ließ sich offenbar weniger gut einbinden, ging jedenfalls später in der Corona-Krise bekanntlich einen eigenen Weg.

Dem Szenario zufolge hatten sich die Staatschefs der USA, Großbritanniens, Kanadas, Deutschlands, Frankreichs, Italiens, Schwedens, der Niederlande, Polens sowie die Chefs der EU-Kommission und der WHO zu einem nicht näher benannten »transatlantischen Sicherheitsgipfel« versammelt, als sie von einem Pockenausbruch erfuhren. Das Drehbuch sah folgende Situation vor:

»Am 13. Januar, dem Vorabend des Gipfels, wurden in Deutschland, den Niederlanden, Schweden und der Türkei Pockenfälle

gemeldet. Die Staats- und Regierungschefs beschließen, sich am 14. Januar für einige Stunden zu treffen, bevor sie sich auf den Heimweg machen, um sich mit der beginnenden Krise zu befassen.

Während des sechsstündigen Treffens rangen die transatlantischen Staats- und Regierungschefs mit dem Ausmaß und dem rasanten Tempo der sich ausbreitenden Pockenepidemie, den Spannungen zwischen Innen- und Außenpolitik, der Herausforderung, die Bewegung von Menschen über die Grenzen hinweg zu kontrollieren und dem weltweiten Mangel an kritischen medizinischen Ressourcen wie einem Pockenimpfstoff.

Die Gesamtzahl der gemeldeten Pockenfälle stieg im Laufe des Tages von 51 Fällen in vier europäischen Ländern um 9.00 Uhr morgens auf 3 320 Fälle in ganz Europa und Nordamerika nur 4,5 Stunden später um 13.30 Uhr – wobei Hochrechnungen von bis zu 660 000 Fälle weltweit innerhalb von 30 Tagen ausgehen. Letztendlich wurden die Ausbrüche als das Ergebnis verdeckter Angriffe auf Verkehrsknotenpunkte und Handelszentren in sechs Städten entdeckt: Istanbul, Rotterdam, Warschau, Frankfurt, New York und Los Angeles.«[22]

In einem Bericht in der ZEIT schilderte der teilnehmende Journalist Thomas Kleine-Brockhoff, was dann geschah:

»Im Nu wird der Gipfel zur Einsatzzentrale. Dramatische Entscheidungen stehen an: Quarantäne? Grenzen schließen? Mit Massenimpfungen beginnen? Impfstoff über die Welt verteilen? Verteidigungsfall ausrufen? Oder gar den Bündnisfall der Nato? Mehr als drei Jahre nach den Anschlägen auf New York und Washington muss sich nun zeigen, ob die Regierenden der Herausforderung des Terrors besser gewachsen sind. Die amerikanische Präsidentin Madeleine Albright eröffnet die Krisensitzung mit der Beschwörung, man werde ›hoffentlich gemeinsam handeln‹ können. Als vertrauensbildende Maßnahme schlägt sie vor: ›Wir reden einander mit Vornamen an. Wir sind ja alle Freunde hier am Tisch.‹ (…) Die Spieler, hochrangige Veteranen transatlantischer Politik, kennen sich aus mit Gipfeln und Krisen. Sie sitzen im Ballsaal eines Washingtoner Luxushotels. Scheinwerfer erleuchten den Konferenztisch. Drum herum ist es stockdunkel. Dort sitzen Beobachter und Komparsen.«[23]

Auffallend war an der Ausgangssituation, dass den Staatschefs die Ereignisse bekannt wurden, als sie sich zufällig gerade bei einem Gipfel versammelten und sich daher leicht miteinander abstimmen konnten. Das Gleiche passierte im Januar 2020, als viele politische Führer von der Corona-Krise erfuhren, als sie sich beim Weltwirtschaftsforum in Davos trafen (siehe Kapitel 8).

Zur Übung gehörten auch, wie schon bei »Dark Winter«, eigens vorproduzierte Fernsehnachrichten, um die Ereignisse für die Spieler realistischer zu gestalten. Sie wurden auf großen Bildschirmen gezeigt, um den Teilnehmern »ein Gefühl dafür zu geben, was die Öffentlichkeit im Fernsehen sehen« würde.[24] Die eingeladenen Journalisten wurden bei einer zur Übung gehörenden inszenierten Pressekonferenz selbst zu aktiven Mitspielern, die Dialoge mit den Politikern proben konnten, die im Krisenfall zu erwarten waren.

Zu den während der Übung diskutierten Fragen zählte auch die folgende, die mit Blick auf die Corona-Krise brisant erscheint:

»Wie sollten nationale Führungskräfte die Risiken und/oder Vorteile verschiedener Seuchenbekämpfungsmaßnahmen wie Grenzschließung oder Quarantäne bestimmen? Unter welchen Bedingungen würden die beträchtlichen wirtschaftlichen, politischen und sozialen Folgen solcher Maßnahmen durch den möglichen Nutzen aufgewogen? Wenn Maßnahmen zur Einschränkung der Freizügigkeit von Personen ergriffen werden, wie lange müssten die Einschränkungen aufrechterhalten werden, wie würden sie international koordiniert und wie würde die Entscheidung getroffen werden, sie aufzuheben?«[25]

Die tiefer liegende Frage bei all diesen Überlegungen lautete, was einen Ausnahmezustand, in dem sich wesentliche Freiheitsrechte außer Kraft setzen ließen, überhaupt auslösen können sollte. Wo lag der Startknopf dieser Maschinerie? Die Macher von »Atlantic Storm« gingen von einem terroristischen Angriff aus, jedoch wurde im Auswertungsbericht mehrfach betont, dass alle Vorbereitungen und Planungen genauso für eine »natürlich auftretende Pandemie einer Infektionskrankheit« gelten würden. An einer Stelle wurde in diesem Zusammenhang wörtlich von einem »zukünftigen SARS« gesprochen.[26]

2005, als die Übung stattfand, begann sich der Fokus der Biosecurity-Gemeinde immer mehr von Terroranschlägen auf Pandemien zu verschieben, insbesondere mit dem Auftauchen der Vogelgrippe im gleichen Jahr, die zu einem medialen Aufregungssturm führte, der in manchem an die heutige Corona-Angst erinnert. Die Krankheit, die nach Zahlen der WHO in den Jahren 2005 und 2006 lediglich zu 122 Toten weltweit führte,[27] wurde damals von der US-Regierung und vielen Medien zu einer Weltgefahr erklärt.

Vor diesem Hintergrund präsentierte US-Präsident George W. Bush am 1. November 2005 auf einer Pressekonferenz einen umfassenden Plan, mit dessen Hilfe das Land vor einer drohenden Influenza-Pandemie geschützt werden sollte. Anwesend war auch der eigens aus Genf eingeflogene Direktor der WHO. Leider, so Bush, könnten die Wissenschaftler derzeit zwar nicht voraussagen, wann und wo eine Seuche zuschlagen werde, aber eines sei klar: »Irgendwann stehen wir einer neuen Pandemie gegenüber.« Die Menschen »rund um den Globus« müssten daher dringend geschützt werden. Weiter ging es in rhetorischen Riesenschritten: »Da eine Pandemie jederzeit ausbrechen könnte, dürfen wir keine Zeit bei der Vorbereitung verlieren. Ich fordere vom Parlament eine

Notfall-Unterstützung in Höhe von insgesamt 7,1 Milliarden Dollar.«[28] Der größte Teil davon war für Impfstoffe vorgesehen, darunter das Mittel Tamiflu, entwickelt von der Firma Gilead Sciences, die bis 2001 von Bushs Verteidigungsminister Donald Rumsfeld geleitet worden war. Rumsfeld besaß 2005 noch immer Aktien des Pharmakonzerns im Wert von mehreren Millionen Dollar – und profitierte damit auch privat von der Angstmache der Regierung.[29]

Die WHO war mit im Boot, unter anderem in Person von Klaus Stöhr, dem Leiter des Influenza-Programms der Behörde. Stöhr warnte über Monate immer wieder in alarmistischem Ton vor der Vogelgrippe und wurde als vermeintlich unabhängiger Experte regelmäßig in den Medien zitiert. Die Krankheit habe ein »beispielloses Ausmaß«, wie man es »niemals zuvor in der Geschichte« beobachtet habe.[30] Im Herbst 2005 prognostizierte Stöhr ein »Übergreifen der Vogelgrippe auf Deutschland« und bemängelte, dass Regierungen noch immer nicht genügend Geld für Impfstoffe ausgeben würden. Mit der Vogelgrippe, so der WHO-Epidemiologe, gebe es »einen Kandidaten, der wohl die nächste Pandemie verursachen kann«.[31] Zwei Jahre später, als der Vogelgrippe-Hype vorbei war und die Regierungen weltweit, auch aufgrund der Empfehlung der WHO[32], Impfstoffe im Milliardenwert gekauft hatten – deren Wirksamkeit sich bald als zweifelhaft herausstellte[33] –, verließ Stöhr die WHO und wechselte zum Pharmakonzern Novartis, wo er bis heute beschäftigt ist.

Der in der Corona-Krise 2020 viel geschmähte Arzt und ehemalige Politiker Wolfgang Wodarg hatte dazu im Januar 2006 als Abgeordneter im Deutschen Bundestag erklärt:

»Die Vogelgrippe ist gar keine Erkrankung des Menschen; wir sprechen hier von einem Phantom. Es handelt sich um die Theorie, dass eine Erkrankung, die bei Vögeln vorkommt, für den Menschen gefährlich werden kann. Ob Tiererkrankungen

für Menschen gefährlich werden, hängt zum einen von der An-
zahl der Erreger ab, also der Intensität des Kontaktes, und zum
anderen von der Abwehrlage derjenigen, die den Kontakt mit
diesen Erregern normalerweise gut aushalten können. Wenn
beides in einem Missverhältnis steht, kann man krank werden.
Aber das ist in der Medizin schon seit Tausenden von Jahren
bekannt. Wenn man eng mit Tieren zusammenlebt und das
Immunsystem nicht in Ordnung ist, ist das gefährlich. Dann
können auch ganz andere Erkrankungen, die ich gar nicht alle
aufzählen kann, auf den Menschen zukommen.

Bei den Ländern, in denen man bisher keinen Fall von Vogel-
grippe – ich benutze diesen Ausdruck jetzt einmal – entdeckt
hat, handelt es sich häufig um die Länder, in denen man für
die entsprechenden Tests kein Geld hat, weil dort ganz andere
Probleme im Vordergrund stehen.

Ich habe mich gefragt, wie es eigentlich kommt, dass wir so
viel über dieses Thema reden. Wer hat ein Interesse daran, dieses
Thema hochzuspielen? Für die Medien ist dieses Thema willkom-
men. Sie würden aber auch ein anderes Thema aufgreifen, wenn
die Leute dadurch Angst bekommen. Das machen sie gerne. Es
gibt aber auch noch andere Profiteure, nämlich diejenigen, die
Tamiflu verkaufen und die Lizenzen vergeben. Ich empfehle
Ihnen sehr, sich zu informieren, wem die Anteile gehören, wer
Druck ausgeübt hat, welche Prozesse schon gelaufen sind und
welche Strategien angewendet werden, um möglichst viel von
dem Zeug zu verkaufen. Diese Fragen können wir nicht einfach
abtun; denn sie sind die Motoren der Angst. Sie dienen dazu,
den Menschen unnötig Angst zu machen.«[34]

Wodarg sprach hier Fragen an, die auch in der Corona-Krise wieder auftauchen: Welche Rolle spielen Vi-
rus-Tests? Entsteht die Wahrnehmung einer Krise erst durch
das massenhafte Testen auf winzige Virus-Erbgutschnipsel?
Wie aussagekräftig sind die Ergebnisse, wenn zugleich

verhältnismäßig wenige Menschen sterben? Bei der Vogelgrippe war das der Fall. Schließlich: Ist das Virus an sich lebensgefährlich oder wird es das erst in Zusammenhang mit geschwächten Abwehrkräften – was auch soziale und gesellschaftliche Ursachen haben kann? Warum wird überhaupt auf ein einzelnes Virus als »Menschheitskiller« fokussiert und nicht auf das Milieu, in dem es sich ausbreiten kann: schlechte Lebensumstände, Armut, mangelnde Hygiene und so weiter? Solche Fragen wurden – und werden – allerdings nur wenig diskutiert. Stattdessen konzentrierte sich die Aufmerksamkeit immer wieder auf Impfstoffe.

Das gleiche Spiel wiederholte sich 2009 mit der Schweinegrippe, auch »Neue Influenza« genannt. Insgesamt zahlten Bund und Länder allein in Deutschland im Zusammenhang mit Vogel- und Schweinegrippe 330 Millionen Euro für Tamiflu & Co. – Medikamente, die zum größten Teil nie gebraucht und nach Ablauf des Haltbarkeitsdatums vernichtet werden mussten.[35]

Die wirtschaftlichen Interessen der Pharmabranche blieben ein wichtiger Treiber für die öffentliche Aufmerksamkeit rund um das Thema Pandemien. Tara O'Toole, die schon mehrfach erwähnte Direktorin des Center for Biosecurity und Drehbuchautorin vieler der genannten Übungen, war auch persönlich in dieses Geflecht eingebunden. Als ihre Karriere weiter voranschritt und US-Präsident Barack Obama sie 2009 zur Staatssekretärin im Heimatschutzministerium ernannte, wurde publik, dass sie im Rahmen ihrer Nominierung verheimlicht hatte, als Beraterin für eine Lobbygruppe tätig gewesen zu sein, die von der Pharmaindustrie finanziert wurde. O'Toole hatte Briefe dieser Gruppe namens Alliance for Biosecurity unterschrieben, in denen Parlament und Behörden aufgefordert wurden, mehr Geld für Impfstoffe auszugeben.[36]

Die Lobbygruppe war selbst gar nicht als solche registriert, hatte kein eigenes Büro und kein Konto, sondern wurde von der Anwaltskanzlei Drinker Biddle aus gesteuert.[37] Deren Washingtoner Chefin, Anita Cicero, organisierte und vertrat mehrfach Interessengruppen der Pharmaindustrie und stand dabei in regelmäßigem Austausch mit US-Abgeordneten, mit Mitarbeitern der WHO, der EU-Kommission und anderen hohen Beamten.[38] 2010 wechselte sie als Vize-Direktorin zum vormals von O'Toole geleiteten Center for Biosecurity, das in der Corona-Krise eine wichtige Rolle spielt.

Nach ihrem Wechsel von der Anwaltskanzlei im Dienste der Pharmaindustrie, wo sie Verantwortung für mehr als 300 Anwälte und Mitarbeiter trug, zum »unabhängigen und gemeinnützigen« Center brachte Cicero mehrere Initiativen auf den Weg, die zu einer weiteren Internationalisierung der Pandemie-Notfallplanungen führten. So startete sie eine »Initiative zur Verbesserung des gegenseitigen Verständnisses und der Zusammenarbeit zwischen amerikanischen und chinesischen Wissenschaftlern und Beamten des öffentlichen Gesundheitswesens, die im Bereich der Epidemie-Alarmbereitschaft arbeiten«[39], sowie ähnliche Programme zur Kooperation mit Saudi-Arabien, Kuwait, Indien, Thailand und Indonesien. Ging es ihr dabei nur um den weltweiten Gesundheitsschutz oder womöglich auch um die Interessen derjenigen Firmen, die sie als Anwältin mehr als ein Jahrzehnt lang vertreten hatte und die ihren Markt gern erweitern wollten?

Das politische Potenzial von Pandemien machte schließlich eine im Frühjahr 2010 veröffentlichte Studie der Rockefeller Foundation deutlich. Unter dem Schock der weltweiten Finanzkrise wurden darin vier denkbare globale Zukunftsszenarien vorgestellt, von denen eines, das mit dem Stichwort »Lock Step« (»Gleichschritt«) bezeichnet war, die Vision einer autoritären Welt voller staatlicher Überwachung und Zwang schilderte, die sich aus Sicht der Autoren nach einer großen Influenza-Pandemie und der daraus folgenden Wirtschaftskrise rund um den Globus durchsetzen könnte.[40]

Das Modell gleicht der Gegenwart von 2020 in erstaunlich vielen Punkten. Ausdrücklich wurde darin beschrieben, wie China im Verlauf der fiktiven Pandemie mit seinen besonders autoritären Schutzmaßnahmen zum Vorbild in der Welt würde. Auch eine Maskenpflicht in vielen Ländern erwähnten die Autoren und merkten an: »Selbst nachdem die Pandemie abgeklungen war, blieb die autoritärere Kontrolle und Überwachung der Bürger bestehen und verstärkte sich sogar noch.«[41] Mit den vorgestellten Szenarien wollten die Herausgeber nach eigener Aussage »eine neue strategische Debatte unter Entscheidungsträgern auslösen«.[42] Für den Journalisten Norbert Häring zeigt das Papier, »dass wichtige Akteure seit mindestens zehn Jahren über die politischen und gesellschaftlichen Möglichkeiten und Herausforderungen nachdenken, die durch Angst auslösende Pandemien entstehen«.[43]

Es gibt weitere Belege für derartige Gedanken in elitären Kreisen. So hatte Jacques Attali, ein Vordenker der französischen Eliten, langjähriger Berater des französischen Präsidenten François Mitterrand und Entdecker von Emmanuel Macron[44], im Mai 2009, zu Beginn der medialen Aufregung um die Schweinegrippe, öffentlich philosophiert:

»Die Geschichte lehrt uns, dass sich die Menschheit nur dann signifikant weiterentwickelt, wenn sie wirklich Angst hat (…) Die beginnende Pandemie könnte eine dieser strukturierenden Ängste auslösen. (…) Eine größere Pandemie wird dann [wenn sie schwerwiegend ist; P. S.], besser als jeder humanitäre oder ökologische Diskurs, das Bewusstsein für die Notwendigkeit von Altruismus wecken (…) Und selbst wenn diese Krise, wie wir natürlich hoffen müssen, nicht sehr ernst ist, dürfen wir nicht ver-

gessen, wie wir es bei der Wirtschaftskrise getan haben, aus ihr zu lernen, damit vor der nächsten, unvermeidlichen Krise Präventions- und Kontrollmechanismen sowie logistische Prozesse für die gerechte Verteilung von Medikamenten und Impfstoffen eingerichtet werden können. Zu diesem Zweck müssen wir eine globale Politik, eine globale Lagerung und damit eine globale Besteuerung einführen. Dann werden wir viel schneller, als es allein aus wirtschaftlichen Gründen möglich gewesen wäre, die Grundlagen für eine echte Weltregierung schaffen können.«[45]

Die weltweite Vernetzung des Notfallplan- und Übungsgeschehens vollzog sich parallel in großen Schritten. Im Mai 2012 veranstaltete das Center for Biosecurity eine Konferenz unter dem Titel: »Verbesserung der Epidemie-Reaktion: Brücken bauen zwischen den USA und China«.[46] Die Begrüßungsrede hielt der damals 87-jährige General Brent Scowcroft, enger Vertrauter von Henry Kissinger und selbst Nationaler Sicherheitsberater von mehreren US-Präsidenten. Scowcroft war Teil des Teams gewesen, das 1972 diskret die Wiederaufnahme diplomatischer Beziehungen zwischen dem kommunistischen China und den USA vorbereitet hatte – nach mehr als 20 Jahren Funkstille zwischen den beiden Mächten. Nun begrüßte er eine enge Zusammenarbeit mit den Chinesen auch auf dem Gebiet der Biosecurity.

Auf der Konferenz berichteten Amerikaner und Chinesen über ihre gewachsenen Beziehungen in diesem Feld sowie insbesondere bei der Pandemie-Notfallplanung. Man arbeitete bereits seit mehreren Jahren in enger Vernetzung miteinander. Die amerikanische Seuchenschutzbehörde CDC betrieb ein Büro in Peking mit damals etwa 50 Mitarbeitern (2020 waren es noch 14), von wo aus man die Zusammenarbeit vor Ort steuerte.[47] Die Amerikaner leiteten dort auch ein Trainingsprogramm für chinesische Epidemiologen. Stolz wurde vermerkt, dass 70 der Absolventen inzwischen

Führungspositionen in chinesischen Gesundheitsbehörden bekleideten.[48] Man half auch mit, US-Pharmakonzerne wie Pfizer in Kontakt mit chinesischen Forschern zu bringen.[49] Die Arbeit der Amerikaner war sehr komplex und reichte bis hin zum Training und der Vermittlung von PR-Methoden, wie ein Bericht der CDC anführte:

»Zu den Aktivitäten gehörten Trainingsworkshops zur Kommunikation mit den Medien, die Durchführung von Presseinterviews und die Organisation eines dreiwöchigen Trainings mit dem Impfkommunikationspersonal des US-Hauptquartiers der CDC. Während dieser Schulung lernen die Kommunikationsspezialisten des chinesischen Impfprogramms, wie US-Kommunikationsspezialisten auf die Anti-Impf-Stimmung in den USA reagieren und wie man in Krisenzeiten effektiv mit der Öffentlichkeit kommuniziert.«[50]

Effektive Öffentlichkeitsarbeit war auch ein wesentlicher Schwerpunkt der Arbeit des Center for Biosecurity, das 2013 in Center for Health Security umbenannt wurde. Der Namenswechsel ließ sich als Ausdruck der angestrebten Verschmelzung von Gesundheits- und Sicherheitspolitik lesen.

Die Arbeit des Centers kulminierte schließlich in zwei großen Übungen, die der Corona-Krise unmittelbar vorausgingen: »Clade X« im Mai 2018 und »Event 201« im Oktober 2019. Während die erste die nationale Reaktion der US-Regierung auf eine Pandemie probte, spielte die zweite eine internationale Reaktion unter Einbeziehung von privaten Konzernen durch. Zwei Monate später tauchte das Coronavirus auf.

5 Clade X: Eine Biowaffe zur Bevölkerungsreduktion (2018)

Nachdem in den Jahren 1998 bis 2005, geprägt vom Kontext des »Kriegs gegen den Terror«, im raschen Stakkato immer apokalyptischere Pandemie-Übungen ins Werk gesetzt worden waren, ließ die Intensität in der Folge nach. Mehr als zehn Jahre passierte wenig. Das große Weltthema Finanzkrise bot ab 2008 offenbar wenig Anknüpfungspunkte für Pockenmanöver. Und auch das Schweinegrippe-Fiasko[1] von 2009 musste wohl erst einmal verdaut werden.

Die Situation änderte sich mit dem Auftauchen von Donald Trump, einem Ereignis, das symbolhaft für den sichtbaren Niedergang des US-geführten Weltsystems stand. Kurz nach seiner Wahl zum US-Präsidenten im November 2016, die vielen Beobachtern zunächst unglaublich erschien und Schockwellen rund um den Globus sandte, startete das Übungsgeschehen neu.

Zu dieser Zeit intensivierten sich die Bemühungen von Bill Gates, die Themen Impfstoffe, internationale Sicherheit und Bioterrorismus miteinander zu verknüpfen. Im Januar 2017 reiste er zum Treffen des World Economic Forum nach Davos und erklärte dort, es müsse »ernsthaft darüber diskutiert werden, wie die Vorbereitung auf einen möglichen Anschlag mit biologischen Waffen aussehen soll«.[2] Gates kündigte an, dieses Thema auf der Münchner Sicherheitskonferenz im Februar jenes Jahres noch vertiefen zu wollen. Anlass war der Start der von ihm gemeinsam mit der Pharmaindustrie und mehreren Regierungen gegründeten Impfstoffforschungsinitiative CEPI (Coalition for Epidemic Preparedness Innovations – Koalition für Innovationen in der Epidemievorbeugung).[3] Diese zielte darauf ab, Impfstoffe weitaus schneller als bisher zu entwickeln – statt innerhalb von zehn Jahren in unter zwölf Monaten – und dafür eine öffentlich-private Finanzierung zu sichern.[4]

Die Münchner Sicherheitskonferenz, wo Gates anschließend auftrat, stand 2017 völlig im Schatten des wenige Wochen zurückliegenden Einzugs von Donald Trump ins Weiße Haus. Die *FAZ* berichtete von einer »eigentümlichen Atmosphäre auf den Gängen und in den Hinterzimmern« des Tagungsortes:

»Selten – vielleicht noch nie – waren die Mienen der angereisten Staatschefs, Minister, Adlaten und Experten so von Fragezeichen geprägt. Wachsende Ungewissheit, Unsicherheit und Misstrauen beschäftigten die Teilnehmer und überlagerten alle Gespräche: Werden die Amerikaner die Europäer im Stich lassen? Zerfasert die Nato? Und vor allem: Was hält in Zukunft den Westen zusammen? (...) Es ist, als ob über 20 Regierungschefs, über 80 Minister, Adlaten und Experten, kurz die Elite der Außen- und Sicherheitspolitiker, zusammengekommen sind zur vermutlich größten Gruppentherapie, die dieser Apparat in diesem Jahrhundert erlebt hat. Mit einem unsicheren Ziel: Herauszufinden, was an Gemeinsamkeiten geblieben ist – und ob sie eine westliche Sicherheitsarchitektur noch tragen.«[5]

John McCain, einer der einflussreichsten Außenpolitiker der USA, traf in seiner Münchner Rede laut *FAZ* »den Kern der westlichen Seelenkrise«: Die Frage, ob der Westen überleben werde, so McCain, hätte man früher als Alarmismus abgetan – nun aber sei sie »tödlicher Ernst«. Der konservative Hardliner (der ein Jahr später verstarb) schloss seine Rede, die vom versammelten Publikum der Staatsführer und Militärs tosenden Beifall erhielt, mit dem markigen Bekenntnis: »Ich weigere mich, den Untergang unserer Weltordnung zu akzeptieren.«[6]

Auf dieser Konferenz, vor ebenjenem Publikum, hielt am Tag darauf Bill Gates seine Rede. Darin klärte er über die Gefahren und möglichen Details einer großen Pandemie auf:

»Die nächste Epidemie könnte auf dem Computerbildschirm eines Terroristen entstehen, der mit Hilfe von Gentechnik eine synthetische Version des Pockenvirus oder einen extrem ansteckenden und tödlichen Grippeerreger erzeugen will. (…) Ob durch eine Laune der Natur oder durch die Hand eines Terroristen, Epidemiologen sagen, dass ein sich schnell verbreitender, durch die Luft übertragener Erreger mehr als 30 Millionen Menschen in weniger als einem Jahr töten könnte. (…) Wir müssen uns auf Epidemien so vorbereiten, wie das Militär auf einen Krieg. Dazu gehören Manöver (›germ games‹) und andere Notfallübungen, damit wir besser verstehen, wie sich Krankheiten ausbreiten, wie Menschen in einer Panik reagieren und wie wir mit Dingen wie überlasteten Autobahnen und Kommunikationssystemen umgehen.«[7]

Drei Monate später begannen im Johns Hopkins Center for Health Security erstmals seit vielen Jahren wieder umfassende Planungen für ein neues Pandemie-Manöver – noch größer und komplexer als die vorhergehenden. Der Titel lautete »Clade X«. Die Vorbereitungen starteten im Mai 2017, vier Monate nach Trumps Einzug ins Weiße Haus.[8]

Das Szenario war diesmal anders. Keine Pocken, keine Pest, kein Anthrax, stattdessen eine neuartige Virusmixtur, die laut Drehbuch im Labor einer Biotech-Firma entwickelt worden war: eine genetische Kombination aus einem hochansteckenden Parainfluenza-Virus und dem besonders tödlichen Nipah-Virus. (Das Nipah-Virus brach, nebenbei bemerkt, gleichzeitig mit der Übung real in Indien aus und wurde dort mithilfe eines Forschers des US-Militärs eingedämmt, der einen Impfstoff entwickelt hatte, dessen Herstellerfirmen nach dem Ausbruch Fördermittel in Höhe von 25 Millionen Dollar erhielten.[9])

Neu war am Übungsdrehbuch aber nicht nur die Art des Virus, sondern auch, dass man nicht mehr von namen- und biografielosen Terroristen ausging, sondern in einem Begleitdokument zum Manöver überraschend ausführlich eine Historie der fiktiven Terrorgruppe namens ABD (»A Brighter Dawn« – »Ein hellerer Morgen«) beschrieb. Dort hieß es:

»A Brighter Dawn wurde in den 1990er-Jahren in den Vereinigten Staaten gegründet. Erklärtes Ziel der Gruppe war es, den durch die Überbevölkerung verursachten Verfall des Planeten zu verlangsamen und schließlich umzukehren. Damals war es das Ziel von ABD, der Menschheit zu helfen, zu einem früheren Zustand zurückzukehren. Die Aktivitäten der Gruppe waren zu dieser Zeit allgemein friedlich und umfassten Vorträge und Diskussionsrunden, Basisaktivismus und Öffentlichkeitsarbeit.

Bis 2010 war die Mitgliedschaft von A Brighter Dawn sowohl zahlenmäßig als auch in der geografischen Vielfalt erheblich gewachsen. Es gab Mitglieder und lokale Verbände in vielen Ländern. Etwa zu dieser Zeit scheint es innerhalb von A Brighter Dawn zu einer Spaltung gekommen zu sein. Eine extreme Fraktion der ABD war der Meinung, dass direkte Maßnahmen erforderlich seien, um den ›Reset‹ oder ›Paradigmenwechsel‹ zu erreichen, der erforderlich wäre, um das Gleichgewicht grundlegend zu verändern.

Diese Splittergruppe bestand aus nicht mehr als 30 Personen. Ein charismatischer Führer übernahm die Führung und arbeitete eng mit etwa 25 anderen ABD-Mitgliedern in der Gruppe zusammen, die eine biowissenschaftliche Ausbildung hatten, darunter auch Virologen. Nach der Spaltung gründete die Splittergruppe ein Labor in der Nähe von Zürich und gab sich als kleine

*Biotech-Start-up-Firma aus. Sie richtete ein hochentwickeltes
biowissenschaftliches Labor mit frei im Handel erhältlicher
Ausrüstung ein und konzentrierte sich auf die Entwicklung einer
biologischen Waffe, die eine weltweite Wirkung haben sollte.
Die Führer der ABD scheinen auch von der Vorstellung einer
biblischen Plage als Korrektiv für die Exzesse der Menschheit
geleitet worden zu sein. Die Finanzierung der Splittergruppe
stammte von Mitgliedern, gleichgesinnten privaten Spendern
und der Beteiligung an illegalen Aktivitäten. (…)*

*Nachdem der Clade-X-Erreger erfolgreich entwickelt und her-
gestellt worden war, reisten Freiwillige der ABD, die bereit waren,
das Risiko einer Ansteckung einzugehen, mit kleinen Mengen
des flüssigen Erregers um die Welt und verbreiteten die Viren
mit handelsüblichen Sprühflaschen an überfüllten öffentlichen
Plätzen. Die zahlreichen Angriffe waren relativ ineffizient, da
bei fast der Hälfte niemand infiziert wurde; bei den anderen
Angriffen wurden im Durchschnitt nur 50 Menschen krank.
Das reichte jedoch aus, um die Clade-X-Pandemie auszulösen.«*[10]

Die Übung fand am 15. Mai 2018 in Washington statt,
erneut im Luxushotel Mandarin Oriental. Der geprobte
Ausbruch begann in Deutschland. Durchgespielt wurde eine
Reihe von Sitzungen des Nationalen Sicherheitsrates der
USA, die Spieler waren wieder hochrangige amerikanische
Politiker, die teils ähnliche oder gleiche Regierungs- und
Parlamentsfunktionen auch schon in der Realität bekleidet
hatten.[11]

Eines der ersten Ereignisse nach dem Ausbruch war laut
Drehbuch die Entwicklung eines PCR-Tests zum Nachweis des
Virus.[12] Die Debatte kreiste dann zum großen Teil um Reise-
beschränkungen und Lockdown (damals noch Quarantäne
genannt). Man sprach über das eventuell zu erlaubende
»Maß der Gewalt zur Aufrechterhaltung der Quarantäne«.[13]
Es müsse, so schloss man, noch mehr »Rechtsklarheit« ge-

schaffen werden »in Fragen der Übertragung von Befugnissen während der Quarantäne«. Auch sollten von der Regierung mögliche negative Auswirkungen dieser Art von Quarantäne »einschließlich des öffentlichen Widerstands gegen ihre Durchführung« in die Pläne einbezogen werden.[14]

In der Übung wurde die Krise im Zeitraffer durchlebt. Das zu regulierende Ausbruchsgeschehen umfasste einen Zeitraum von vielen Monaten. Laut dem Szenario häufte sich die Zahl der Toten am Ende auf 150 Millionen weltweit, davon 15 Millionen in den USA. Den Autoren zufolge waren das noch niedrige Zahlen, nur dadurch ermöglicht, dass man die Impfstoffherstellung extrem beschleunigt habe.

Am Ende der Übung stand daher auch an erster Stelle die Forderung an die Regierung, umgehend die nötigen Mittel bereitzustellen, um neue Impfstoffe »innerhalb von Monaten und nicht Jahren« entwickeln zu können.[15] Insbesondere erwähnte man dabei neuartige RNA-Impfstoffe (wie sie auch von Bill Gates gefördert wurden) – die den Menschen gentechnisch verändern und die in der Corona-Krise eine große Rolle spielen.[16] In den Empfehlungen der Planer der Übung an die Regierung hieß es:

»Jüngste Entwicklungen in der synthetischen Biologie (…) eröffnen neue Möglichkeiten für die schnelle Entdeckung wirksamer Medikamente und Impfstoffe. Ebenso sind neue Ansätze für Gegenmaßnahmen, wie selbstverstärkende mRNA-Impfstoffe (…), vielversprechende Plattformen, die im Notfall eine schnelle Entwicklung ermöglichen. (…) All dies könnte in verteilter Form geschehen, sodass mehr Menschen an mehr Orten Gegenmittel produzieren und in großem Maßstab produzieren könnten.«[17]

Alles in allem schien die Übung den Veranstaltern ein Erfolg. So resümierten sie im Anschluss, man habe eine große Öffentlichkeit erreicht und das Bewusstsein für die Auswirkungen von Pandemien geschärft. Die *Washington*

Post hatte gleich dreimal über das Manöver berichtet. Auch war man zur Fachwelt und zur Politik durchgedrungen: »Clade X führte zu einer Reihe von Folgepräsentationen und Veranstaltungen beim US-Kongress, dem Expertentreffen der Biowaffen-Konvention, der CDC, dem Aspen-Institut und anderen Organisationen.«[18] Das Thema stand also auf mehreren Ebenen wieder neu auf der Agenda.

Wer hatte dafür bezahlt? Als Hauptsponsor hatten die Organisatoren die Stiftung Open Philanthropy des damals 33-jährigen Facebook-Mitgründers Dustin Moskovitz gewinnen können. Moskovitz, einer der jüngsten Selfmade-Milliardäre der Welt, war nach eigenen Worten bestrebt, mit seinem Reichtum »so viel Gutes wie möglich zu tun«.[19] Pandemien waren nach Ansicht seiner Stiftung »eines der größten Risiken für das Wohlergehen und die Stabilität der Welt«, die Forschung dazu werde aber bislang »relativ wenig« durch private Stiftungen unterstützt, weshalb man dem Johns Hopkins Center for Health Security unter die Arme greife.[20]

Auch hier also kein böser Wille, sondern beste Absichten. In ähnlicher Weise hatte Moskovitz schon im September 2016 20 Millionen Dollar in den US-Präsidentschaftswahlkampf investiert, um so in letzter Minute noch Donald Trump zu verhindern.[21] Die USA würden sich sonst von der internationalen Gemeinschaft isolieren. Trumps Wahlversprechen seien »ziemlich wahrscheinlich ein mutwilliger Schwindel«, Hillary Clinton hingegen stehe für eine »Vision von Optimismus, Pragmatismus, Inklusion und beiderseitigem Nutzen«.[22]

Man konnte solche Äußerungen des jungen Milliardärs für naiv halten, sein Eingreifen für anmaßend, doch spielen solche Einschätzungen am Ende keine Rolle. Entscheidend ist, dass Menschen mit derart großem Vermögen Einfluss nehmen können und dies auch tun. Dies erkannte auch Moskovitz, der in einem Anflug von Schizophrenie zugleich erklärte, er habe große »Vorbehalte gegenüber jedem, der mit großen Geldsummen die Wahlen beeinflussen wolle«, müsse aber nun so handeln, da er eben »so viel Gutes wie möglich« bewirken wolle.[23]

Zu diesem »Guten« zählte auch das neuerliche Anwerfen der großen Pandemie-Maschine, gedacht als Vorbeugung, um Menschenleben zu schützen. Dass die Agenda dahinter sich als wesentlich vielschichtiger darstellte, blieb nicht nur Moskovitz offenbar verborgen.

6 Event 201: Corona-Krise als Planspiel (2019)

Das Konzept von »Clade X« hatte sich derweil in den Kreisen der Reichen und Einflussreichen herumgesprochen. Als das Team vom Johns Hopkins Center for Health Security im Anschluss eine noch größere, noch komplexere Nachfolgeübung konzipierte, kam die Oberliga der Sponsoren mit an Bord: die Bill und Melinda Gates Foundation und das World Economic Forum (WEF).

Das WEF, bekannt für seine alljährlichen Konferenzen im Schweizer Nobelort Davos, ist nach eigenen Worten ein Zusammenschluss der 1 000 größten Konzerne der Welt, »um eine bessere Zukunft zu formen«.[1] Dazu möchte man Konzern- und Staatschefs fortwährend miteinander ins Gespräch bringen, wobei man angeblich »keine ideologischen und kommerziellen Interessen« verfolge.[2]

Den Kern der Organisation bilden die »strategischen Partner«, etwa 100 Konzerne, die besonders einflussreich sind und die die Ausrichtung, Ziele und Programme des WEF gemeinsam steuern. Dazu gehören beispielsweise die Allianz, BlackRock, BP, die Deutsche Bank, Facebook, die Gates Foundation, Goldman Sachs, Google, der Pharmakonzern Johnson & Johnson, Mastercard, Paypal, der Ölkonzern Saudi Aramco, Siemens oder auch der Medienkonzern Thomson Reuters, Besitzer der gleichnamigen Nachrichtenagentur.[3]

Man könnte das WEF als eine Art modernes »Politbüro des Kapitalismus« bezeichnen, wo große Linien für das weitere internationale Vorgehen überlegt und dann gemeinsam umgesetzt werden. Der rote Faden sind die Bemühungen zur globalen Verzahnung von Regierungs- und Konzerninteressen, freundlich bezeichnet als »öffentlich-private Zusammenarbeit« (»Public-Private Cooperation«).

WEF und Gates Foundation finanzierten nun also die nächste große Pandemie-Übung. Diese unterschied sich insofern grundlegend von den vorhergehenden, als es diesmal nicht um zu probende Debatten und Abstimmungen innerhalb der Regierung ging, sondern ausdrücklich um ein Training der Zusammenarbeit von Regierungen mit den globalen Konzernen während einer Pandemie. In einer Beschreibung des Johns Hopkins Center for Health Security hieß es dazu:

»In den letzten Jahren hat die Welt eine wachsende Zahl von Epidemien erlebt, die sich jährlich auf etwa 200 Ereignisse beläuft. Diese Ereignisse nehmen zu, und sie wirken sich auf Gesundheit, Wirtschaft und Gesellschaft störend aus. Die Bewältigung dieser Ereignisse belastet bereits jetzt die globalen Kapazitäten, selbst wenn keine Pandemiegefahr besteht. Experten sind sich einig, dass es nur eine Frage der Zeit ist, bis eine dieser Epidemien global wird – eine Pandemie mit potenziell katastrophalen Folgen. Eine schwere Pandemie, die zum ›Event 201‹ wird, würde eine verlässliche Zusammenarbeit zwischen Branchen, Regierungen und wichtigen internationalen Institutionen erfordern. (…) Ähnlich wie bei den drei vorangegangenen Übungen des Centers – Clade X, Dark Winter und Atlantic Storm – zielte Event 201 darauf ab, Führungskräfte auf der höchsten Ebene der US-Regierung, anderer Regierungen und Konzerne zu informieren und weiterzubilden.«[4]

Die Übung »Event 201« fand am 18. Oktober 2019 statt, zwei Monate vor dem Auftauchen des Coronavirus, und simulierte irritierenderweise auch tatsächlich den Ausbruch einer globalen Coronavirus-Pandemie:

»Event 201 simuliert den Ausbruch eines neuartigen zoonotischen Coronavirus, das von Fledermäusen erst auf Schweine und dann auf Menschen übertragen wird und schließlich von Mensch zu Mensch übertragbar wird und zu einer schweren Pandemie führt. Der Erreger und die von ihm verursachte Krankheit sind weitgehend an SARS angelehnt, doch ist das Virus durch Menschen mit schwachen Symptomen leichter übertragbar. (…) Im ersten Jahr steht kein Impfstoff zur Verfügung. (…) Das Szenario endet nach 18 Monaten mit 65 Millionen Toten. Die Pandemie beginnt sich zu verlangsamen, da die Zahl der anfälligen Personen abnimmt. Die Pandemie wird mit einer gewissen Geschwindigkeit weitergehen, bis es einen wirksamen Impfstoff gibt oder bis 80–90 % der Weltbevölkerung sich angesteckt haben. Von diesem Zeitpunkt an handelt es sich wahrscheinlich um eine verbreitete Kinderkrankheit.«[5]

Anders als bei den vorhergehenden Übungen gab es diesmal also keinen terroristischen Hintergrund. Zumindest wurde ein solcher im Manöver ausgeblendet und es war keine Rede mehr von einer ausgeklügelten Biowaffe wie noch bei Clade X im Jahr zuvor. Der Auslöser der Pandemie sollte diesmal sozusagen einfach »eine Laune der Natur« sein.

Und noch etwas war speziell bei diesem Manöver: Die Organisatoren und Mitspieler trafen sich nicht mehr wie bei den Übungen zuvor in Washington, der Stadt der Regierungsbehörden und Ministerien, sondern erstmals im Zentrum der Finanzbranche, in New York, mitten in Manhattan im legendären Luxushotel The Pierre, einst im Besitz des reichsten Mannes der Welt, J. Paul Getty, und exklusiv gelegen an der Fifth Avenue mit Blick auf den Central Park. Im Pierre, wo die Kofferträger noch Frack und Zylinder tragen und es Liftboys wie vor 100 Jahren gibt, begegneten sich diesmal auch nicht, wie bei den anderen Übungen, nur Politiker und Beamte, sondern zum größten Teil Führungskräfte von globalen Konzernen. Sie gehörten zur höchsten Riege innerhalb des Managements ihrer jeweiligen Unternehmen und waren diejenigen, die in einer großen Krise die internationalen Abläufe im Konzern zu regeln hatten. In der Übung spielten sie daher auch keine anderen Rollen, sondern sich selbst – auch das war neu. Zu den insgesamt 15 Mitspielern des Manövers zählten:[6]

- Adrian Thomas, Vizepräsident von Johnson & Johnson, dem nach Börsenwert und Gesamtumsatz größten Pharmakonzern der Welt,
- Jane Halton, Ex-Gesundheits- und Finanzministerin Australiens sowie lange in leitender Funktion bei der WHO tätig, außerdem Vorsitzende der von der Gates Foundation initiierten, schon erwähnten Coalition for Epidemic Preparedness Innovations (CEPI), einer »Partnerschaft« von Pharmaindustrie, Regierungen und WHO zur Impfstoffentwicklung, die in der Corona-Krise eine Schlüsselrolle spielt,
- Matthew Harrington, Präsident von Edelman, der größten PR-Agentur der Welt, und »Spezialist für Unternehmenspositionierung und Reputationsmanagement mit Erfahrung in Krisenkommunikation« sowie persönlicher Berater von Microsoft[7],
- Hasti Taghi, Vizepräsidentin von NBC Universal, dem drittgrößten Medienkonzern der Welt,
- Avril Haines, unter Obama Vizedirektorin der CIA und Vize-Sicherheitsberaterin, seither in leitender Funktion bei einer Washingtoner Lobbyfirma, die interessierte IT-Unternehmen mit dem Pentagon und den Geheimdiensten in Kontakt bringt.[8]

Zu diesen globalen Managern gesellten sich der Vorsitzende eines Konzerns für Medizinprodukte, der Chef-Krisenmanager der Lufthansa, die Risikomanagerin der weltgrößten Hotelkette Marriott, der Präsident der UPS Foundation und ein Vertreter der Zentralbank Singapurs. Drei weitere Teilnehmer könnte man als »Pandemie-Profis« bezeichnen:

- Stephen Redd, bei der US-Seuchenschutzbehörde CDC Leiter der Abteilung für Notfallplanung, nach 9/11 an den Anthrax-Untersuchungen beteiligt und 2009 Chef-Krisenmanager beim Schweinegrippen-Fake[9], wo er »dazu beitrug, 81 Millionen Menschen in den USA zu impfen«[10],
- George Gao, Direktor der chinesischen Seuchenschutzbehörde CCDC, Virologe und Vogelgrippe-Forscher, der Anfang Januar 2020 den amerikanischen CDC-Chef Robert Redfield über die Gefährlichkeit des Coronavirus informierte[11] und, ebenfalls im Januar, zwei der ersten maßgeblichen wissenschaftlichen Artikel zum Coronavirus in westlichen Fachzeitschriften mitverfasste[12],
- Michael Ryan (nicht persönlich anwesend, aber mit einer Videobotschaft zugeschaltet), seit 2019 WHO-Direktor für Gesundheitsnotfälle (Director Health Emergencies Programme) und 2020 Chefkrisenmanager der WHO für Covid-19.

Bei »Event 201« versammelten sich also Menschen mit hoher fachlicher Kompetenz, von denen einige in der Corona-Krise wenige Monate später eine wichtige Rolle spielen sollten. Das Wesentliche an der Übung wie an der darauffolgenden realen Situation war eine spezifische Verschmelzung der Themen Angst, Massensterben, Ausnahmezustand, staatliche Überforderung, Freiheitsbeschränkungen, Impfstoffe, Pharmaregulierung und Medienstrategie. Konkret gesagt: Eine gesundheitliche Notlage führte zu einem globalen Bedarf an Impfstoffen, für deren Finanzierung, Entwicklung und Verbreitung Konzernen eine aktive Rolle in der internationalen Politik eingeräumt werden musste, wobei etwaigem Widerstand aus der Bevölkerung mit Hilfe von PR-Strategien und Medien zu begegnen war. Darum ging es bei der Übung – und darum geht es auch heute.

Wichtig zu verstehen ist gleichwohl: Aus diesen Zusammenhängen lässt sich nicht logisch ableiten, dass die Organisatoren und Teilnehmer der Übung von der bevorstehenden realen Pandemie »wussten« – was ja seinerseits voraussetzen würde, die Corona-Krise wäre absichtlich geplant worden und das Geschehen somit keine Laune der Natur, sondern Tarnung für den zielgerichteten Einsatz einer Biowaffe. Allerdings legt die frappierende Ähnlichkeit von Übung und Realität nahe, genau hinzuschauen und zu prüfen, wie die tatsächliche Pandemie 2020 im Detail begann (siehe Kapitel 8).

Den Organisatoren waren solche Spekulationen durchaus bewusst. So tauchten laut Übungsdrehbuch schon zu Beginn der fiktiven Krise »Verschwörungstheorien« auf, wonach »die Pharmaindustrie das Virus selbst verbreitet« habe, weshalb es in der Reaktion auf den Notstand sehr wichtig sei, für »Vertrauen in Medikamente und Regierungen« zu sorgen. Die Kommunikation mit der Öffentlichkeit in der Krise müsse sorgfältig geplant werden.[13]

Dieses Thema wurde so ernst genommen, dass dazu eine eigene Diskussion im Rahmen der Übung stattfand (»Segment 4, Communications Discussion«).[14] Die Vizepräsidentin von NBC Universal betonte dabei, man müsse dafür sorgen, dass »die richtigen Repräsentanten« in den traditionellen Medien auftreten würden, um »unsere Seite der Story« zu verbreiten.[15] Die ehemalige Vizedirektorin der CIA ergänzte, man solle die öffentliche Arena mit den eigenen Argumenten »fluten«, um die Botschaft zu verstärken.[16] Der Chef der PR-Agentur Edelman wies zudem darauf hin, dass man in der Kommunikationsstrategie einen zentralisierten Ansatz verfolgen müsse und die zentral formulierte Botschaft dann über die passenden Repräsentanten von NGOs und Gesundheitsorganisationen an die Öffentlichkeit bringen solle. Diese Zentralisierung müsse international erfolgen. Dazu brauche man eine Datenbank mit weltweit zu vermittelnden Fakten und »Schlüsselbotschaften«.[17]

Doch es ging nicht nur um Faktenvermittlung. Die Vorsitzende des von Bill Gates initiierten Impfstoffentwicklungsverbands CEPI erklärte, es reiche nicht aus, der Bevölkerung mit Blick auf das Virus »Wissen zu vermitteln«. Vielmehr müsse man aktiv »Anreize setzen«, damit die Menschen »ihr Verhalten ändern«, und zwar in die Richtung, »die wir sehen wollen«.[18]

Im Anschluss an die Übung wurden Empfehlungen veröffentlicht. Angemahnt wurden eine engere Zusammenarbeit von Konzernen und Regierungen, der weitere Ausbau einer internationalen Impfstoffreserve, der Abbau von Regularien bei der Impfstoffentwicklung sowie ein verstärkter Kampf gegen Falschinformationen:

»Regierungen werden mit traditionellen und sozialen Medienunternehmen zusammenarbeiten müssen, um geschicktere Ansätze zur Bekämpfung von Fehlinformationen zu erforschen und zu entwickeln. Dazu muss die Fähigkeit entwickelt werden, die Medien mit schnellen, genauen und konsistenten Informationen zu überfluten. (…) Nationale Gesundheitsbehörden sollten eng mit der WHO zusammenarbeiten, um die Fähigkeit zur raschen Entwicklung und Verbreitung konsistenter Gesundheitsbotschaften zu schaffen. Die Medienunternehmen ihrerseits sollten sich verpflichten, dafür zu sorgen, dass amtlichen Botschaften Vor-

rang eingeräumt wird und dass falsche Botschaften unterdrückt werden, auch mit Hilfe von Technologie.«[19]

Die mehr als dreistündigen Diskussionen der Teilnehmer wurden von den Veranstaltern kurz nach der Übung in voller Länge auch als Video im Internet veröffentlicht.[20] Betrachtet man dieses Material, dann entsteht kaum der Eindruck, einem Treffen böswilliger und tatendurstiger Verschwörer beizuwohnen. Die Mitspieler erinnern eher an blasse Bürokraten, die versuchen, die ihnen gestellten Aufgaben so gut wie möglich zu erfüllen. Die Tische der Diskutanten sind dabei in U-Form aufgebaut, mit dem Moderator an der Stirnseite. Links und rechts neben ihm sitzen drei bisher nicht erwähnte Teilnehmer, die in ihrem Auftreten und in ihren Redebeiträgen zum Teil kundiger und erfahrener wirken als die übrigen. Eine Recherche zeigt, dass diese drei etwas Besonderes verbindet, was sie von den anderen Gästen unterscheidet und was auch nichts mit dem Thema der Übung zu tun zu haben scheint: Alle drei sind in ihrer Arbeit schon seit vielen Jahren eng mit dem Thema Bevölkerungskontrolle verknüpft.

- Christopher Elias, bei der Gates Foundation Präsident der Abteilung für »Globale Entwicklung«, zuständig unter anderem für »Familienplanung« und »Impfstoff-Verabreichung«, außerdem Co-Vorsitzender von Family Planning 2020, einer internationalen Organisation, die sich mit Nachdruck dafür einsetzt, dass die Geburtenrate in ausgewählten Staaten sinkt (darunter in Indien, Pakistan, Indonesien und dem größten Teil Afrikas) und die dazu den großflächigen Einsatz von Schwangerschaftsverhütungsmitteln propagiert
- Sofia Borges, Mitglied des Leitungsgremiums von Family Planning 2020, zugleich Vizepräsidentin der UN Founda-

tion, die vom Milliardär Ted Turner gegründet wurde, der sich für eine globale Bevölkerungsreduktion einsetzt, indem »Fortpflanzungsrechte verkauft werden, sodass arme Menschen von ihrer Entscheidung, keine Kinder zu bekommen, profitieren können«[21]

- ▪ Timothy Grant Evans, Mitgründer der Impfallianz GAVI, ehemals Mitarbeiter der Rockefeller Foundation, von 2003 bis 2010 in der Führungsebene der WHO sowie von 2013 bis 2019 bei der Weltbank als Direktor für Gesundheit, Ernährung und »Population Global Practice«

Was hat es damit auf sich? Was bedeutet »Population Global Practice«? Und inwiefern sind solche Themen mit den Planungen für einen Pandemiefall verknüpft?

7 Exkurs: Population Control

Es ist ein schmaler Grat zwischen der Hilfe für arme Menschen und ihrer Lenkung und Kontrolle. Außergewöhnlich reiche Menschen haben es immer wieder als ihre Aufgabe gesehen, Pläne für alle übrigen zu entwickeln, insbesondere für Länder der »Dritten Welt«. Problematisch ist daran vieles, angefangen bei der fehlenden demokratischen Legitimation der Planer. Besonders heikel und kritikwürdig werden solche Programme, wenn das offiziell angegebene Ziel – Hilfe und Bildung für die Armen – überlagert wird von anderen Bestrebungen wie Einfluss und Kontrolle.

Hinter freundlich und vage klingenden Begriffen wie »Population Global Practice« oder »Family Planning« steht oft das kontroverse Ziel der Bevölkerungskontrolle, das von einem Netzwerk internationaler Organisationen seit vielen Jahren sehr ausdauernd verfolgt wird. Man möchte, dass die Bevölkerung besonders in Afrika, Asien und Lateinamerika reduziert wird. Begründet wird das mit besseren Entwicklungschancen dieser Länder, die sich ergeben würden, wenn dort weniger Kinder versorgt werden müssten. Auf der Webseite der Weltbank-Abteilung für »Population Global Practice« heißt es dazu:

»Fortpflanzung ist auch ein Schlüsselfaktor der Bevölkerungsdynamik. Viele Länder, die ein rasches Bevölkerungswachstum verzeichnen, haben auch eine junge Bevölkerung. Solche Länder haben das Potenzial, von der demografischen Dividende

zu profitieren: Durch Investitionen in die Gesundheit und das Wohlergehen ihrer Bevölkerung zum Aufbau von Humankapital können die Länder die Armut verringern und ein integratives Wachstum fördern.«[1]

Diese Werbeformulierungen der Weltbank erfordern eine Übersetzung, da die verwendete Sprache mehr verdeckt als erklärt. »Demografische Dividende« ist ein PR-Begriff. Es existiert unter der Überschrift »Demografische Dividende – Investieren in Humankapital« eine eigene Website, erstellt vom Bill & Melinda Gates Institute for Population and Reproductive Health an der Johns Hopkins Bloomberg School of Public Health. Dort ist zu erfahren:

»Eine demografische Dividende ist das beschleunigte Wirtschaftswachstum, das sich aus einer verbesserten reproduktiven Gesundheit, einem raschen Rückgang der Fortpflanzungsfähigkeit und der sich daraus ergebenden Verschiebung der Altersstruktur der Bevölkerung ergeben kann. Mit weniger Geburten pro Jahr wächst die Bevölkerung im erwerbsfähigen Alter eines Landes im Verhältnis zu der jungen abhängigen Bevölkerung. Mit mehr erwerbstätigen Menschen und weniger Kindern, die unterstützt werden müssen, hat ein Land eine Chance für wirtschaftliches Wachstum, wenn die richtigen sozialen und wirtschaftlichen Investitionen und politischen Maßnahmen in den Bereichen Gesundheit, Bildung, Regierung und Wirtschaft beschlossen werden.«[2]

Diese Politik führt dazu, dass in absehbarer Zeit die gesamte gesellschaftliche Last auf die Schultern der wenigen dann erwachsen gewordenen Kinder verlagert wird, was die Gesellschaft insgesamt lähmt. Beworben wird das den ärmeren Ländern gegenüber als eine Befreiung der Frauen, die endlich selbst entscheiden könnten, ob sie Kinder wollen und wenn ja, wie viele. Außerdem würde bei weniger Kindern ein größerer Anteil überleben und könne dann auch besser ausgebildet werden. Weiterhin gäbe es zukünftig größere Chancen auf einen Arbeitsplatz, da es bei einer zahlenmäßig geringer werdenden Bevölkerung auch weniger Konkurrenz um Jobs gäbe. Um all das zu erreichen, sei es nötig, Schwangerschaftsverhütungsmittel leicht erreichbar zur Verfügung zu stellen. Erst so könne die »demografische Dividende zur Auszahlung« kommen, wie in einem Werbepapier der Weltbank erklärt wird.[3]

Was bei dieser Argumentation unter den Tisch fällt, sind diejenigen strukturellen Armutsursachen, die in der internationalen Wirtschaftsordnung gründen. Denn daran soll sich laut den wohlklingenden Programmen nichts ändern. Stattdessen wird der Eindruck erweckt, die Ordnung und die Regeln der Weltwirtschaft seien an sich fair, arme Staaten müssten bloß ihre Chancen klug nutzen und dafür sorgen, dass sich die eigenen Bürger nicht »unnötig« fortpflanzen – dann könne sich auch wachsender Wohlstand einstellen. Die Soziologin Shalini Randeria sieht das kritisch:

»Mich stört die westliche Doppelmoral. Wenn eine Frau aus Kamerun mehrere Kinder zur Welt bringt, trägt sie angeblich zur globalen Überbevölkerung bei, wenn der Schweizer aber zwei Autos kauft, kurbelt er das Wirtschaftswachstum an. Man kann die Frage der vermeintlichen Überbevölkerung nicht vom Ressourcenverbrauch trennen. Die Einwohner der Stadt New York verbrauchen an einem Tag mehr Energie als der gesamte afrikanische Kontinent. Wenn einem der Umweltschutz tatsächlich am Herzen liegt, muss man den Ressourcenverbrauch der Industrieländer vermindern, statt sich über die Familiengröße fremder Frauen in fernen Ländern Gedanken zu machen. (…) Überzählig sind immer die Anderen: die Armen, die Ausländer, die Angehörigen anderer Religionsgemeinschaften. (…) Es geht nie nur um die Zahlen, sondern stets um die Frage, wer sich vermehren darf und wer nicht.«[4]

Ausgeblendet werden auch die seit vielen Jahren bekannten Erkenntnisse von Wirtschaftswissenschaftlern und Fachleuten wie Joseph Stiglitz[5], Naomi Klein[6], Jean Ziegler[7], John Pilger[8] oder Michel Chossudovsky[9], denen zufolge das von den westlichen Staaten vorangetriebene globale Wirtschaftsmodell neokoloniale Strukturen der Abhängigkeit schafft, aus denen arme Länder sich nicht allein befreien können.

Ist die Sorge um das Wohlergehen armer Menschen also wirklich das Hauptmotiv für die westlichen Programme zur Bevölkerungskontrolle? Wie sich zeigt, haben die Programme zur Bevölkerungsreduktion eine lange Vorgeschichte, in der Tarnung und Täuschung eine wichtige Rolle spielen. Die heute populäre Idee, das Bevölkerungswachstum in armen Ländern als Hauptproblem der Menschheit anzusehen – und dabei die Rolle der Wirtschaftsordnung und ihrer Lenker bei der Entstehung dieser Armut auszublenden –, wurde, wenig überraschend, vor allem von den Reichen und Mächtigen propagiert.

Großen Einfluss hatte der Milliardär John D. Rockefeller III (1906–1978), Enkel des einst reichsten Mannes der Welt, und großer Bruder des späteren US-Vizepräsidenten Nelson Rockefeller sowie des Bankers David Rockefeller, eines Förderers und Vertrauten von Henry Kissinger. John D. Rockefeller gründete 1952 den Population Council, eine Lobbyorganisation für Bevölkerungskontrolle, die heute unter anderem langfristig wirkende Verhütungsmittel wie Kupferspiralen, Hormonspiralen und Hormonimplantate entwickelt, herstellt und in armen Ländern vertreibt. Nach eigener Aussage nutzen derzeit 170 Millionen Frauen Verhütungsmittel, die von der Organisation entwickelt wurden.[10]

1967 gelang es Rockefeller nach langwieriger Lobbyarbeit, einen Aufruf von 30 Staatschefs zu organisieren, darunter dem US-Präsidenten, wonach »das Bevölkerungsproblem von den Regierungen als Hauptelement der langfristigen Planung erkannt werden muss«. Ziel der Familienplanung sei »die Bereicherung des menschlichen Lebens«, indem Menschen dazu befähigt würden, »ihre individuelle Würde zu erreichen und ihr volles Potenzial auszuschöpfen«.[11]

Auch die Weltbank war mit im Boot. 1968 wurde Robert McNamara zu deren Chef ernannt. Dieser hatte im Zweiten Weltkrieg als leitender Mitarbeiter des Statistikbüros der Air Force die Effizienz der Bombardierung japanischer Städte erhöht[12] und in den 1960er-Jahren als US-Verteidigungsminister die Bombardierung Vietnams organisiert. Bei der Weltbank startete er anschließend Kreditprogramme für arme Länder, die an Maßnahmen zur Bevölkerungsreduktion beziehungsweise »Familienplanung« geknüpft waren.[13] McNamara ernannte Ende der 1970er-Jahre John Robert Evans (einen späteren Vorsitzenden der Rockefeller Foundation) zum Chef einer neu geschaffenen Weltbank-Abteilung für »Bevölkerung und Gesundheit«, die diese Ziele weiter vorantrieb. In jüngster Zeit, von 2013 bis 2019, wurde diese Abteilung von dessen Sohn Timothy Grant Evans geleitet, dem erwähnten Mitspieler von »Event 201«.

Die maßgeblich von den USA gesteuerte[14] Weltbank galt lange als Hauptsponsor für Pläne zur Bevölkerungskontrolle. Zu den Motiven finden sich Anhaltspunkte in einem Beschluss des Nationalen Sicherheitsrates aus dem Jahr 1974, verfasst unter der Leitung des damaligen US-Außenministers und gleichzeitigen Nationalen Sicherheitsberaters Henry Kissinger. Das Papier war lange geheim und wurde erst 15 Jahre nach seiner Formulierung öffentlich. Unter der Überschrift »Auswirkungen des weltweiten Bevölkerungswachstums auf die Sicherheit der USA und ihre überseeischen Interessen« wird dort darauf eingegangen, warum viele junge Menschen in armen Ländern ein Problem seien:

»Die jungen Menschen, die in vielen unterentwickelten Ländern in weitaus höheren Anteilen leben, sind eher instabil, anfälliger für Extremismus, Entfremdung und Gewalt als eine ältere Bevölkerung. Diese jungen Menschen lassen sich leichter überzeugen, die Institutionen der Regierung anzugreifen oder das Eigentum des ›Establishments‹, der ›Imperialisten‹, der multinationalen Konzerne oder anderer – oft ausländischer – Einflüsse, die für die eigenen Schwierigkeiten verantwortlich gemacht werden. (…) Die Spannungen mit den Habenichtsen werden wahrscheinlich zunehmen.«[15]

Die Idee lautete schlicht: Weniger rebellische Jugendliche leisten weniger Widerstand, und allgemein weniger Menschen in armen, Rohstoffe liefernden Ländern führen zu weniger Konkurrenz um ebendiese Rohstoffe. Man könnte zusammenfassen: Auszubeutende Länder lassen sich leichter kontrollieren, wenn dort weniger Menschen leben, vor allem weniger junge Menschen mit überschüssiger Kraft und Energie. Da diese Motivlage recht durchsichtig war, wurden erhebliche Anstrengungen unternommen, sie zu verschleiern. In einem weiteren Beschluss des Nationalen Sicherheitsrates der USA von 1976 hieß es:

»Bei unterentwickelten Ländern, die keine Bevölkerungsprogramme verfolgen, müssen unsere Bemühungen besonders fein auf ihre besonderen Empfindlichkeiten und Einstellungen abgestimmt werden. In erster Linie sollten wir den Begriff ›Geburtenkontrolle‹ vermeiden und stattdessen von ›Familienplanung‹ oder ›verantwortungsbewusster Elternschaft‹ sprechen, mit einer Betonung auf der Gesundheit von Kind und Mutter sowie dem Wohlergehen von Familie und Gemeinschaft. (…) Wir sollten die weltweiten Bemühungen um die Verbesserung der Stellung der Frauen und ihre aktive Teilnahme am gesellschaftlichen Leben noch stärker unterstützen. Der sich verbessernde Status der Frauen in Teilen Asiens und Lateinamerikas hat offensicht-

lich wesentlich dazu beigetragen, (…) die Geburtenraten zu senken. (…)

Dennoch müssen wir in unseren Ansätzen selektiv sein und zurückhaltend auftreten, damit nicht der Eindruck entsteht, die Bevölkerungsprogramme dienten vorrangig US-Interessen. Deshalb ist es so wichtig, dass die unterentwickelten Länder auf internationalen Konferenzen und daheim in Bevölkerungsfragen eine stärkere Führungsrolle übernehmen. (…) Wir müssen dazu beitragen, dass internationale Organisationen (…) sowie private Freiwilligenorganisationen eine aktive, positive Rolle bei der Unterstützung von Bevölkerungsprogrammen spielen.«[16]

Dabei machte man rasch Fortschritte. Ende 1976 entstand mit dem Geld der Ford Foundation und der Rockefeller Foundation ein »Programm zur Einführung und Anpassung von Empfängnisverhütungstechnologie« (»Program for the Introduction and Adaptation of Contraceptive Technology« – PIACT), mit dem Ziel, Verhütungsmittel an die jeweiligen Kulturkreise armer Länder anzupassen und damit deren Akzeptanz zu erhöhen. Gegründet wurde das Programm in Mexiko mit einem Vorstand aus Ärzten aus Ägypten, Indien, Kolumbien und anderen Ländern, geleitet aber wurde es aus einer Zentrale im amerikanischen Seattle.[17]

Die Organisation benannte sich später in PATH um und wurde über viele Jahre vom »Event 201«-Mitspieler Christopher Elias geleitet, bevor dieser 2011 zur Gates Foundation wechselte, wo er weiterhin für »Familienplanung« zuständig ist. Auch die schon genannte Organisation Familiy Planning 2020 ist zum großen Teil durch Vertreter der jeweiligen Zielländer getragen, wird aber, wie schon erwähnt, von Elias, dem Manager der Gates Foundation, von Washington aus geleitet.

Auf den ersten Blick wirkt alles selbstbestimmt, transparent und unterstützenswert. Hinter den Kulissen sieht es anders aus. Die WHO hatte schon in den 1970er-Jahren damit begonnen, einen Impfstoff zu entwickeln, der Schwangerschaften für längere Zeit verhindert. In den 1990er-Jahren wurden in Mexiko, Nicaragua und den Philippinen Vorwürfe erhoben, ein solcher Impfstoff sei im Rahmen von WHO-Programmen unter der Tarnung einer Tetanus-Impfung vielen Frauen ohne ihr Wissen verabreicht wurden. Die gleichen Vorwürfe tauchten 2014 erneut in Kenia auf und konnten dort auch belegt werden.[18]

Das Wirken der großen, oft privaten internationalen Organisationen, die sich für eine Reduzierung der Bevölkerung in ausgewählten Ländern einsetzen, verdient sicherlich eine kritische Beobachtung. Dies auch deshalb, da das Thema im Zuge der technologischen Entwicklung komplexer und brisanter geworden ist. Bei Maßnahmen zur Bevölkerungskontrolle geht es heute nicht mehr »nur« um die Kontrolle der Zahl der Geburten, sondern zunehmend auch um die Registrierung und Überwachung der biologischen Merkmale und Aktivitäten von Bevölkerungen.

Schon seit vielen Jahren werden Programme zur Etablierung einer »digitalen ID« zur eindeutigen Identifizierung aller Menschen vorangetrieben. Timothy Grant Evans, der »Event 201«-Mitspieler und Ex-WHO-Manager, gab 2013 zu Beginn seiner Leitungstätigkeit bei der Weltbank anlässlich einer Rede auf einer Konferenz zum 100. Jubiläum der Rockefeller Foundation einen persönlichen Ausblick auf die Zukunft:

»In Bangladesch eröffnen sich Möglichkeiten für eine lebenslang geführte, tragbare elektronische Gesundheitsdokumentation (›electronic health record‹) auf der Grundlage individueller biometrischer Identifikatoren, die bei der Geburt zugewiesen werden, als Teil eines universellen Gesundheitsinformationssystems. Wenn dies in Bangladesch möglich ist, warum dann nicht auch weltweit? Warum kann nicht jedem Neugeborenen

eine Globale Gesundheitsidentifikationsnummer – oder GHIN –
zugewiesen werden? (…)

Das Wissen darüber, was Gesundheit ausmacht, ist exponen-
tiell gewachsen und erstreckt sich vom biophysikalischen Bereich
einschließlich der Gene und Proteine bis hin zum kognitiven
und Verhaltensbereich, zur Sozialstruktur und Umwelt. Und so
wie der Rockefeller-Mitarbeiter Warren Weaver die Entstehung
der Molekularbiologie im 20. Jahrhundert beschleunigte, liegt
heute eine ähnliche Gelegenheit vor uns, die molekulare Epi-
demiologie mit der Bevölkerungsdemografie und der globalen
Wirtschaft zu verbinden und eine neue hybride Disziplin mit
dem Titel ›Epidemonnomie‹ (›Epidemonnomics‹) zu schaffen.
Die Epidemonnomie könnte durch transnationale Forschung auf
mehreren Ebenen, bei der die globale Stichprobe faszinierende
10 Milliarden Individuen umfasst, grundlegende Erkenntnisse
über die Vielfalt und die Wechselwirkungen von Gesundheits-
faktoren gewinnen!«[19]

Evans' Neuschöpfung »Epidemonnomics« (die das Wort
»demon« enthält) beschreibt eine Entwicklung, die aktuell
bereits praktisch vollzogen wird. In Bangladesch läuft seit
2019 ein entsprechender landesweiter Modellversuch. Dabei
werden biometrische Daten wie der Fingerabdruck eines
jeden Bürgers digital erfasst und verknüpft mit weiteren
persönlichen Angaben wie dem Impfstatus. Bis Anfang 2020
wurden in Bangladesch so über 100 Millionen digitale Identitäten angelegt, wie der zuständige Minister des Landes in einem Bericht für das World Economic Forum stolz erläuterte.[20]

Die Initiative, die diese Einführung einer global lesbaren digitalen Identität vorantreibt, tritt unter dem Namen ID2020[21]
auf und wird finanziert unter anderem von der Rockefeller
Foundation, Microsoft, der Unternehmensberatung Accen-
ture sowie der Impfallianz Gavi – einer von der Gates Foundation lancierten »Partnerschaft« aus Pharmakonzernen,

Regierungen, der Weltbank und der WHO, mit dem Ziel, allen Menschen Zugang zu Impfungen zu verschaffen.

Flächendeckende Impfungen sind im Rahmen von ID2020 als »Hebel« gedacht, um das Konzept der digitalen Identität flächendeckend »zu etablieren«, wie ein wohlwollender Pressebericht vom September 2019 erklärt.[22] Wird dieser Plan weltweit umgesetzt – was langfristig geplant ist –, ergeben sich daraus weitreichende Möglichkeiten einer zentralen Kontrolle aller so erfassten Menschen. Der Autor Norbert Häring erläutert:

»Durch ID2020 soll es zur Norm werden, dass Identität teilweise oder ganz von den nationalen Regierungen unabhängig wird. Dadurch werden die ›Weltbürger‹ teilweise von den Regierungen emanzipiert, außer von einer, der US-Regierung. Von dieser Regierung, die den Standpunkt vertritt und auch durchsetzt, sie könne Gesetze erlassen, an die sich weltweit alle zu halten haben, werden sie maximal abhängig. Denn ihre Daten liegen dann in aller Regel auf Servern von US-Unternehmen, insbesondere den beiden führenden Cloud-Diensten von Amazon und Microsoft. Die technischen Standards wurden von diesen und anderen US-Unternehmen bestimmt, und die zentral verwalteten Zugänge zu diesen Identitätsdaten werden von diesen US-Unternehmen kontrolliert.

Nichts wird die US-Regierung davon abhalten können, Microsoft oder Amazon oder einem der US-Unternehmen, die die Blockchain-Architektur des Programms bestimmen, den Befehl zu geben, die Daten von Individuen oder Unternehmen auszulesen oder zu blockieren oder so zu manipulieren, dass die Betroffenen handlungsunfähig werden.

Selbst wenn sie es wollten, werden die Regierungen der Heimatländer den Betroffenen nicht helfen können. Sie stehen dann effektiv unter der hoheitlichen Gewalt der US-Regierung, ohne irgendwelche US-Bürgerrechte zu haben. Denn dass es die

US-Regierung sein wird, die die Fäden in der Hand halten wird, darüber braucht man sich keine Illusionen zu machen. (...)

China, Russland und ein paar andere Länder werden sich dem zwar widersetzen, sodass es zu einer Aufteilung der Hoheitsgewalt über die Weltbürger kommen wird. Europa jedoch macht fleißig mit, andere Industrieländer in der US-Einflusssphäre ebenfalls, und die von Finanzhilfen der Weltbank, des IWF und der Gates Stiftung abhängigen Entwicklungsländer sowieso.

Wenn das Bargeld einmal abgeschafft ist, wie es die in Washington ansässige Better Than Cash Alliance (US-Regierung, Gates Stiftung, Mastercard, Visa, Citi) ebenfalls unter Instrumentalisierung der UN betreibt, ist die Überwachung und Kontrolle der Menschen und Unternehmen fast vollkommen, egal ob im Einflussbereich der USA oder in dem von China, das in dieser Hinsicht sogar schon weiter ist. Denn digitales Bezahlen ist eines der Hauptanwendungsgebiete der digitalen Identitäten und das Feld, über das deren Nutzung am effektivsten erzwungen werden kann.«[23]

Population Control ist heute also etwas Anderes, Vielschichtigeres und Totalitäreres als vor 50 Jahren. Die Maßnahmen betreffen zunehmend die ganze Welt. Entscheidend ist, dass all diese globalen Trends durch die Corona-Krise massiv beschleunigt werden. Das Virus und die weltweite Angst davor bieten einen willkommenen Anlass zur Umsetzung solcher Pläne im großen Stil.

Wie aber konnte das geschehen? Wie startete die Krise ganz konkret? Und warum überhaupt machte eine zunächst überschaubare Epidemie in einer bis dahin weitgehend unbekannten chinesischen Stadt so schnell weltweite Schlagzeilen?

8 Corona in Davos: Ein Virus wird vorgestellt (Januar 2020)

Zu Silvester 2019 begann sich die Corona-Krise in den Medien zu entfalten – zunächst noch zaghaft und unscheinbar. Die erste Meldung tauchte am 31. Dezember auf und lautete:

»Eine mysteriöse Lungenkrankheit ist in der zentralchinesischen Metropole Wuhan ausgebrochen. Bislang seien 27 Erkrankte identifiziert worden, berichtete die Gesundheitskommission der Stadt. Gerüchten im Internet, es könnte sich um einen neuen Ausbruch der Lungenseuche Sars handeln, trat die ›Volkszeitung‹ entgegen. Die Gesundheitskommission berichtete, viele der Infektionen könnten auf den Besuch des Huanan-Fischmarktes von Wuhan zurückgeführt werden. Die Erkrankten seien in Quarantäne untergebracht worden. Sieben seien in einem ernsten Zustand.«[1]

Diese dpa-Meldung, die offenbar auf einer Nachricht der Agentur Reuters basierte,[2] die wiederum auf eine Pressemitteilung des Gesundheitsamts der Stadt Wuhan zurückging,[3] wurde in Dutzenden deutschen Medien veröffentlicht, erregte allerdings, mangels erkennbarer Relevanz, kein weiteres Aufsehen.

Dass 27 Erkrankte (nicht etwa Tote) am anderen Ende der Welt überhaupt zu einer Agenturmeldung in Deutschland und anderen westlichen Ländern führten, ist erklärungsbedürftig. Die Tatsache, dass Nachrichtenagenturen diese Information für veröffentlichungswert hielten, hing fraglos mit den im Bericht erwähnten »Gerüchten im Internet« zusammen (von wem eigentlich verbreitet?), in denen spekuliert worden war, die 2003 epidemisch aufgetretene und seither wieder verschwundene Lungenkrankheit SARS könne womöglich neu ausgebrochen sein. SARS war vielen noch in lebhafter Erinnerung, da das Phänomen damals über Wochen hinweg für weltweite Schlagzeilen gesorgt hatte. Alle ersten Berichte über die »mysteriöse Lungenerkrankung« verwiesen auf den 17 Jahre zurückliegenden SARS-Ausbruch. Das war der Kontext, der überhaupt erst das Interesse schuf.

Bereits zum Zeitpunkt der ersten Veröffentlichung setzte eine Informationskontrolle ein. Laut einem chinesischen Bericht vom 1. Januar 2020 hatte die Polizei in Wuhan mehrere Menschen festgenommen, die »falsche Informationen« zu dieser Krankheit im Internet verbreitet hätten, was zu »negativen gesellschaftlichen Auswirkungen« geführt habe. Die Polizei ermahnte die Bürger der Stadt, »keine Gerüchte zu glauben oder in Umlauf zu bringen« und für »ein harmonisches, sauberes Internet« zu sorgen – Empfehlungen, die bald auch in Deutschland populär werden sollten.[4]

Über den Beginn der Epidemie herrschte Unklarheit. Im April 2020 tauchten in amerikanischen und israelischen Medien Berichte auf, wonach eine Abteilung des US-Militärgeheimdienstes DIA, das sogenannte National Center for Medical Intelligence, bereits im November (!) 2019 sowohl die eigene Regierung als auch die Nato sowie das israelische Militär vor einer sich ausbreitenden Seuche in der Region Wuhan gewarnt hatte, die sich »katastrophal« entwickeln könne. Der Geheimdienst dementierte die Meldung.[5] War sie dennoch zutreffend – wofür die zusätzliche Bestätigung durch die Israelis sprach –, würde eine naheliegende Frage lauten, wie der Geheimdienst schon im November zu seinen Erkenntnissen hatte kommen können – als allem Anschein nach selbst die chinesischen Behörden noch keine Kenntnis von einem Ausbruch hatten.

In der ersten Januarhälfte blieb das Thema in westlichen Medien weitgehend unterhalb der Wahrnehmungsschwelle. Es erschienen zwar vereinzelte Meldungen, aber keine herausgehobenen Berichte. Auch als am 9. Januar erstmals gemeldet wurde, dass die »rätselhaften Lungenerkrankungen in China offenbar auf ein bisher unbekanntes Coronavirus« zurückgingen, das »bei 15 der insgesamt fast 60 offiziell Erkrankten« in Wuhan nachgewiesen worden sei, tauchte das in Deutschland nicht in den Abendnachrichten auf, sondern lediglich in einem Onlineartikel auf *tagesschau.de*.[6] Die Redaktion illustrierte den Text mit einem Foto der Stadt Wuhan in dichtem Smog, womit dezent angedeutet wurde, dass die Lungenerkrankung vielleicht auch etwas mit der starken Luftverschmutzung vor Ort zu tun haben könnte.

Dass ein Team um den Virologen Christian Drosten von der Berliner Charité bereits am 16. Januar einen PCR-Test zum Virusnachweis entwickelt hatte, den die WHO umgehend Laboren in aller Welt empfahl,[7] wurde von den Medien zunächst nicht registriert. Zum unglaublichen Tempo dieser Testentwicklung erklärte Drosten später:

»Bereits zwischen Weihnachten und Neujahr ging das los, dass hier die erste informelle Information ankam. (…) Wir haben uns tatsächlich auf so ein paar Indizien verlassen. Wir haben aus sozialen Medien Informationen gehabt, dass das ein SARS-ähnliches Virus sein könnte und wir haben dann eins und eins zusammengezählt. (…) Und als dann so eine Zeit später die Kollegen aus China die erste Genom-Sequenz öffentlich gestellt haben von diesem neuen Virus [am 10. Januar; P. S.], haben wir das natürlich mit all unseren Kandidatentests verglichen, die besten herausgesucht und mit denen weitergearbeitet. (…) Wir haben diesen Test Kollegen in China zur Verfügung gestellt,

deren Namen ich jetzt nicht nennen kann. Und die haben das für uns getestet und uns gesagt, dass es gut funktioniert.«[8]

Den Anstoß für die Testentwicklung hatten also die schon erwähnten, nicht näher bezeichneten »Gerüchte im Internet« gegeben, bestätigt hatten die Wirksamkeit des Tests dann anonym bleibende »Kollegen in China«. All das wurde, wie gesagt, Mitte Januar in den Medien nicht berichtet. Zu diesem Zeitpunkt war die »rätselhafte Lungenerkrankung« am anderen Ende der Welt noch ein Nischenthema – während einige Experten im Hintergrund allerdings schon die Weichen für die kommenden Monate stellten.

Am Freitag, dem 17. Januar passierte in diesem Zusammenhang etwas ausgesprochen Seltsames: Das Johns Hopkins Center for Health Security veröffentlichte zusammen mit dem World Economic Forum und der Gates Foundation eine gemeinsame Pressemitteilung, in der die Übungsauswertung von »Event 201« vorgestellt wurde, insbesondere die politischen Empfehlungen, die man drei Monate zuvor beschlossen hatte. In der Mitteilung hieß es:

»Die nächste schwere Pandemie wird nicht nur Krankheit und Tod verursachen, sondern könnte auch wirtschaftliche und gesellschaftliche Kettenreaktionen auslösen (…). Die Bemühungen, solchen Folgen vorzubeugen oder auf sie zu reagieren, während sie sich entfalten, werden ein beispielloses Maß an Zusammenarbeit zwischen Regierungen, internationalen Organisationen und privaten Unternehmen erfordern.«[9]

Angemahnt wurden der weitere Ausbau einer internationalen Impfstoffreserve, der Abbau von Regularien bei der Impfstoffentwicklung sowie ein verstärkter Kampf gegen Falschinformationen. Bizarr war daran vor allem, dass die sich gerade entfaltende Corona-Krise mit keinem Wort erwähnt wurde, die Pressemitteilung aber offensichtlich in diesem Zusammenhang lanciert worden war. Andernfalls hätte man sie bereits drei Monate zuvor, unmittelbar nach dem Ende der Übung, veröffentlichen können. Übung und Realität verzahnten sich in eigenartiger Weise miteinander.

Das große und bis heute anhaltende Medieninteresse am Virus begann dann schlagartig und unvermittelt genau drei Tage später, am Montag, dem 20. Januar, einen Tag vor der Eröffnung des World Economic Forum (WEF) in Davos, dem jährlichen Treffen der wichtigsten Staats- und Konzernchefs der Welt. An diesem Tag wurde die neue Erkrankung auch zum ersten Mal in der Hauptausgabe der Tagesschau erwähnt. Der Zwei-Minuten-Beitrag tauchte zum Ende der Sendung hin auf, nachdem zuvor ausführlich über das anstehende WEF-Treffen berichtet worden war. Zur eingeblendeten Schlagzeile »Massiver Anstieg von Coronavirus-Fällen« erklärte Moderator Jens Riewa dem Fernsehpublikum:

»Das neuartige Coronavirus in China breitet sich überraschend schnell aus. Mehr als 200 Menschen sind offiziellen Angaben zufolge bereits an einem Lungenleiden erkrankt, das durch den Erreger ausgelöst wird. Inzwischen haben auch drei Nachbarländer Infektionen gemeldet. Die Weltgesundheitsorganisation berief ein Expertengremium ein, das unter anderem mögliche Maßnahmen empfehlen soll. Chinesischen Forschern zufolge überträgt sich das Virus auch von Mensch zu Mensch.«

Die Aussage, das Virus verbreite sich »überraschend schnell«, war zu dem Zeitpunkt, angesichts von lediglich 200 Erkrankten innerhalb von drei Wochen, nur schwach belegt. Die wesentliche, neue Information lag in der nun erklärten Übertragbarkeit von Mensch zu Mensch. Neu war außerdem, dass die chinesische Regierung ihren anfänglichen Kurs, das Thema unter den Teppich zu kehren, inzwischen radikal geändert hatte und die Krise nun selbst mit aller Kraft und öffentlichem Nachdruck zu einer Staatsaffäre erklärte. Beginnend mit dem 20. Januar legten die chinesischen Gesundheitsbehörden täglich einen Bericht mit den neuesten Corona-Fallzahlen vor.[10] Auf diese ersten Zahlen bezog sich auch die Tagesschau in ihrem Fernsehbericht. Anschließend an die kurze Moderation Jens Riewas folgte ein Bericht des Pekinger ARD-Korrespondenten, in dem es hieß:

»Jetzt vor dem Neujahrsfest ist Hauptreisezeit in China. Auf dem Bahnhof von Wuhan wird nun jeder kontrolliert. Fiebermessgeräte und medizinisches Personal sind im Einsatz. (…) Bisher sind drei Menschen gestorben. Die meisten Patienten seien nicht schwer krank, litten unter Fieber und Atemproblemen. (…) Im Staatsfernsehen berichtet heute ein Forscher von Infizierten, die nicht selbst in Wuhan waren, aber Angehörige von ihnen: ›Wir können daher bestätigen, dass es Fälle gibt, bei denen das Virus von Mensch zu Mensch übertragen wurde.‹ Mit dieser Nachricht ist klar: Eine weitere Ausbreitung des Virus in China wird wahrscheinlicher und die Kontrolle der Krankheitswelle schwieriger.«[11]

Damit war der Ton für die kommenden Wochen vorgegeben – nicht nur in der Tagesschau. Das zu diesem Zeitpunkt abrupt anschwellende Medieninteresse lässt sich auch anhand der Berichterstattung der *New York Times* nachverfolgen. Während bis dahin nur vereinzelte Artikel zum Virus erschienen waren, etwa am 10.1. (»China berichtet ersten Toten durch neues Virus«), 15.1. (»Japan und Thailand bestätigen neue Fälle des chinesischen Coronavirus«), 17.1. (»Drei US-Flughäfen kontrollieren Passagiere auf ein tödliches chinesisches Coronavirus«), 18.1. (»Tödliches Rätselvirus wird in zwei neuen chinesischen Städten und Südkorea gemeldet«), und 20.1. (»China bestätigt, dass neues Coronavirus sich von Mensch zu Mensch überträgt«), so explodierte die Menge der Artikel mit Beginn des WEF-Treffens in Davos geradezu.

Allein am 21. Januar, dem Eröffnungstag der Konferenz, erschienen in der *New York Times* fünf verschiedene Artikel zum Coronavirus sowie zusätzlich erstmals eine optisch leicht erfassbare »Wuhan Coronavirus-Karte« zur Verfolgung des Ausbruchsgeschehens. Ebenfalls am 21. Januar veröffentlichte die WHO ihren ersten »Coronavirus-Lagebericht«, der seither täglich erscheint.[12] Der Startschuss für das mediale und politische »Corona-Dauerfeuer« war erfolgt.

Schon am nächsten Tag passierte etwas Weiteres, für die mediale Vermittlung des Themas sehr Folgenreiches: Die Johns Hopkins Universität startete ihr Covid-19-Dashboard, jene mittlerweile berühmt gewordene online verfügbare Weltkarte, in der die geografische Verteilung aller Corona-Fälle sowie deren Entwicklungstrend, die Fall- und Todeszahlen ständig aktualisiert dargestellt wurden. Zum Start am Mittwoch, dem 22. Januar hieß es in einem Pressebericht:

»Bis Mittwochnachmittag wurden laut offiziellen chinesischen Berichten 444 Menschen ins Krankenhaus eingeliefert, von denen mindestens 17 am neuartigen Coronavirus verstorben sind. Doch die Karte, die am Mittwoch von Forschern der Johns Hopkins Universität vorgestellt wurde, lässt vermuten, dass diese Zahlen möglicherweise schneller wachsen, als nationale Quellen es zeigen. ›Wir denken, dass es für die Öffentlichkeit wichtig ist, die Situation in ihrem Verlauf mit transparenten Datenquellen zu verstehen‹, so Lauren Gardner, Professorin an der Johns Hopkins University, die das Team leitete, das die Karte erstellte. (…) Laut Gardner handelt es sich bei der Karte um eine ›sehr einfache‹ Sammlung von gemeldeten Fällen, die aus Quellen auf lokaler Ebene zusammengetragen wurden und keine Modellierung erfordern. Um die Karte zu erstellen, haben Gardner und ihr Team lokale chinesische Medienberichte gesichtet und zusammengestellt. Diese Berichte wurden dann ins Englische übersetzt, und ihre Standorte wurden kartiert. Wenn neue Berichte eintreffen, wird die Karte aktualisiert, so Gardner.«[13]

Das Dashboard entwickelte durch seine leichte Verständlichkeit ein Eigenleben. Hunderte Medien in aller Welt übernahmen die Daten und auch die Art der grafischen Darstellung. Die schwer greifbare Gefahr einer Epidemie ließ sich damit hervorragend veranschaulichen. Das Dashboard bediente zusätzlich das mediale Bedürfnis nach ständigen News und Updates – und befeuerte damit die öffentliche Nervosität weiter. Viele Redakteure und Medienkonsumenten, aber auch Politiker schauten fortan gebannt auf die steigenden Kurven, die in fast jeden Artikel zum Thema eingebaut waren und die den Eindruck vermitteln, man habe mit einem Blick darauf auch bereits das Wesentliche verstanden. »Quelle: Johns Hopkins« wurde zu einem geflügelten Wort in den Medien, wo man den amerikanischen Zahlen meist blind vertraute. Durch das Dashboard erlangte eine private US-Institution die internationale Deutungshoheit über die Höhe der Fallzahlen.

Ebenfalls am 22. Januar folgte der nächste große Paukenschlag: Die chinesischen Behörden kündigten an, am folgenden Tag die Zehn-Millionen-Metropole Wuhan sowie mehrere weitere Großstädte vollständig unter Quarantäne zu stellen. Niemand dürfe diese Städte dann mehr betreten oder verlassen – eine in diesem Umfang beispiellose Aktion. Die Entscheidung schien die Größe der Gefahr nochmals zu belegen. Als Beobachter musste man annehmen, dass die Lage außergewöhnlich bedrohlich war, wenn die Regierung sich zu einem so extremen Schritt entschloss.

Innerhalb der WHO-Gremien wurde am gleichen Tag versucht, die Behörde zu veranlassen, einen »Internationalen Gesundheitsnotstand« (»Public Health Emergency of International Concern«) auszurufen, was sich zunächst intern nicht durchsetzen ließ, am 30. Januar aber nachgeholt wurde.[14]

Die weltweite Berichterstattung fokussierte nun vollständig auf das Thema Corona. In der *New York Times* erschienen allein am 23. Januar 13 (!) Artikel zum Thema. Die Überschriften lauteten unter anderem: »Ängste wegen des neuen Coronavirus ergreifen Davos« und »Wie Chinas Virusausbruch die Weltwirtschaft bedrohen könnte«.[15]

Wie erwähnt, tagten zur gleichen Zeit, vom 21. bis zum 24. Januar, fast 3 000 Politiker, Manager und Journalisten, darunter viele der mächtigsten Staats- und Konzernchefs, in Davos. Dieser Umstand erinnert an das bereits geschilderte Pandemieszenario der Übung »Atlantic Storm« von 2005, bei dem die Nachricht von einem Seuchenausbruch die Staatschefs ebenfalls auf einer internationalen Konferenz überraschte, wo alle Entscheidungsträger günstigerweise schon gemeinsam versammelt waren (siehe Kapitel 4). Hier nochmals der entsprechende Auszug aus dem damaligen Drehbuch:

»Am 13. Januar, dem Vorabend des Gipfels, wurden in Deutschland, den Niederlanden, Schweden und der Türkei Pockenfälle gemeldet. Die Staats- und Regierungschefs beschließen, sich am 14. Januar für einige Stunden zu treffen, bevor sie sich auf den Heimweg machen, um sich mit der beginnenden Krise zu befassen. Während des sechsstündigen Treffens rangen die transatlantischen Staats- und Regierungschefs mit dem Ausmaß und dem rasanten Tempo der sich ausbreitenden Pockenepidemie, den Spannungen zwischen Innen- und Außenpolitik, der Herausforderung, die Bewegung von Menschen über die Grenzen hinweg zu kontrollieren und dem weltweiten Mangel an kritischen medizinischen Ressourcen wie einem Pockenimpfstoff.«[16]

Ersetzte man hier das Wort »Pocken« durch »Coronavirus« und den 13. Januar durch den 23. Januar, dann landete man recht genau in der Realität.

Das jährlich stattfindende WEF-Treffen in Davos ist die größte und am hochkarätigsten besetzte Veranstaltung dieser Art. Ende Januar 2020 waren die Führer der mächtigsten Konzerne der Welt dort versammelt, darunter die Chefs von

Google, Apple, Facebook und Microsoft.[17] Dazu kamen die Vorstandsvorsitzenden der führenden Pharmafirmen Roche, Bayer, Sanofi, Astra Zeneca (das Unternehmen, das wenige Monate später Deutschland für einen dreistelligen Millionenbetrag einen Impfstoff verkaufte, der noch gar nicht entwickelt war)[18] sowie der Chef des Pharmakonzerns Moderna, wo man sich auf neuartige mRNA-Impfstoffe konzentrierte, die in der Corona-Krise in hohem Tempo entwickelt wurden. Ebenfalls zugegen waren die Vorsitzenden der Impfallianz Gavi und des Impfstoffforschungsverbundes CEPI, Richard Hatchett, der kurz darauf »die weltweite Covid-19-Impfstoffentwicklung koordinierte«.[19]

Zu den weiteren Gästen in Davos zählten die Bosse diverser Großbanken sowie von BlackRock, Visa, Mastercard, der Rockefeller Foundation, des Atlantic Council, die Vorsitzenden der Zentralbanken von einem Dutzend Staaten, zahlreiche Chefredakteure großer Medien sowie die Staats- und Regierungschefs von mehreren Dutzend Ländern, darunter Donald Trump und Angela Merkel.[20]

Sie alle verfügten während der aufregenden Woche in Davos über ausreichend Gelegenheit, ihre Reaktionen auf die Krise miteinander abzustimmen – nicht unbedingt nur auf offener Bühne, sondern auch diskret am Rande der Veranstaltung. Die Marschrichtung an die Politik gab am 23. Januar ein Kommentar in der *New York Times* vor: »Seien Sie auf alles gefasst und überlassen Sie es den Experten.«[21]

Gleichzeitig mit dem Abschluss des WEF-Treffens am 24. Januar meldete die WHO weltweit 25 Corona-Tote.[22] Zu einer bedrohlichen »globalen Krise« passte diese Zahl überhaupt nicht. Und doch war durch die beschriebenen politischen Entscheidungen, deren mediale Begleitung sowie die allgemeine Projektion eines »neuen SARS« der Eindruck einer riesenhaften Gefahr entstanden.

Was im Nachhinein auffällt: Am 24. Januar, als die in Davos versammelten Staats- und Konzernchefs wieder nach Hause reisten, waren mehrere für das zukünftige Management der Corona-Krise wesentliche Elemente bereits gestartet oder einsatzfähig:

- der PCR-Test zum Sammeln der Fälle,
- die täglichen Lageberichte der WHO zur Unterrichtung der Öffentlichkeit,
- das Covid-19-Dashboard zur grafischen Darstellung der Lage in den Medien,
- die politischen Empfehlungen des WEF und der Gates Foundation.

Alles war vorbereitet. Und tatsächlich: Von diesem Zeitpunkt an entfaltete sich die Krise fast wie automatisch. Die große Pandemie-Maschine, jahrelang konstruiert, geprobt und für den Ernstfall vorbereitet, lief nun.

Auch an dieser Stelle sei aber wieder der Hinweis angefügt: Diese Beobachtung unterstellt noch keine Planung oder bewusste Herbeiführung der Pandemie. Der Ablauf lässt sich auch harmlos erklären: Die beteiligten Institutionen waren auf einen solchen Ausbruch ganz einfach »gedrillt«. Virologen suchten ständig nach neuen Krankheitserregern, begierig, diese nachzuweisen. Wissenschaftler wie von der Johns Hopkins Universität hatten seit 20 Jahren nichts anderes gemacht, als vor Bioterror und Pandemien zu warnen. Zeichnete sich deren reale Möglichkeit ab, entfalteten sie maximale Betriebsamkeit. Auch die WHO und viele andere Behörden setzten lediglich dutzendfach geprobte Abläufe um, bestrebt, so »effizient« wie möglich zu arbeiten, keine Fehler zu machen und dem einstudierten Protokoll genau zu folgen. Es handelte sich, so gesehen, tatsächlich um eine

Art Maschine, die, einmal gestartet, ihrer programmierten Eigendynamik folgte.

So weit die harmlose Erklärung. Dennoch blieben auch andere denkbar. Sollte die Pandemie mutwillig ausgelöst worden sein, das Virus also eine Biowaffe (wie sie der US-Offizier und spätere Corona-Krisenmanager Robert Kadlec beschrieben hatte, siehe Kapitel 2), dann würde sich die Situation wesentlich komplexer darstellen. Vorstellbar war auch, dass im Schatten eines natürlich aufgetretenen Virus zusätzlich an gezielt ausgewählten Orten auf der Welt eine ähnlich wirkende, aber weitaus tödlichere Biowaffe eingesetzt worden war. Ende Januar ließen sich diese Fragen für den normalen Beobachter nicht beantworten.

China erweckte zu dieser Zeit den Anschein, die Bedrohung sehr ernst zu nehmen. Die Regierung begann in großem Stil, ihre Bürger auf das Virus zu testen. Rasch stiegen nun auch die täglich gemeldeten Fallzahlen, ganz so, wie es die Warner vorausgesagt hatten: von 131 am 23.1. auf 259 am 24.1., dann weiter auf 444, 688, 769 bis auf 1 771 am 28.1. Exakt vier Wochen lang blieb die Zahl der täglich gemeldeten neuen Fälle im unteren vierstelligen Bereich, worüber die Medien überall in der Welt auch intensiv berichteten, bis dann am 20. Februar die Werte vollkommen abrupt, von einem Tag auf den anderen, von 1 749 auf 394 zurückgingen, dann zwei Wochen konstant im mittleren und unteren dreistelligen Bereich verharrten, bevor sie ab Anfang März auf ein kaum noch messbares Niveau abfielen.[23]

Was war passiert? Hatte China mit seinen rigorosen Quarantänemaßnahmen die Pandemie besiegt, wie die Medien vermuteten? Oder hatte die chinesische Regierung nach vier Wochen fleißigen Testens ganz einfach beschlossen, die Testmenge radikal zurückzufahren und die Pandemie auf diese Weise zu »beenden«? Praktisch würden dann Menschen mit Lungenentzündungen, mangels Virusnachweis, einfach wieder genauso deklariert wie vor der Krise – als »normale« Patienten mit einer Atemwegserkrankung.

Der Verdacht ließ sich schwer ausräumen, da China, anders als andere Länder, keine überprüfbaren Daten zur Anzahl der täglich oder wöchentlich durchgeführten Tests veröffentlichte. Zumindest erschien es kaum schlüssig, wie eine sich rapide ausbreitende Epidemie in einem Staat mit über einer Milliarde Einwohnern bei konstant hoher Anzahl der Tests schon nach wenigen Wochen landesweit (!) nur noch zu 19 neuen Fällen (10. März) oder 8 neuen Fällen (13. März) führen sollte, wie es offiziell gemeldet wurde.[24]

Kritische Medienberichte zu dieser Frage blieben allerdings die Ausnahme und erschienen allenfalls in Nischenpublikationen.[25] So gut wie alle Medien akzeptierten die Geschichte von den erfolgreichen Maßnahmen der Chinesen – unterstützt auch durch das vermeintlich neutrale Johns Hopkins Dashboard. Wenn selbst die Amerikaner die chinesischen Zahlen veröffentlichten, so die unterschwellige Annahme vieler, dann würden die Werte wohl stimmen.

Zudem stellte sich auch die WHO hinter die Zahlen und erklärte in einem am 28. Februar veröffentlichten Bericht ihrer eigenen gerade aus China zurückgekehrten Untersuchungskommission, der auffällig abrupte Rückgang der Neuinfektionen sei »real« und »überzeugend«.[26]

Was auch immer stimmte – im Ergebnis war China in der öffentlichen Wahrnehmung das Corona-Problem jedenfalls erst einmal los und hatte der Welt außerdem gezeigt, wie zu handeln war, nämlich entschieden und mit aller Härte. Diese Lektion wurde anschließend fast überall befolgt.

9 Tote in Europa: Panik und Irreführung (Februar 2020)

Das erste Opfer des Ende Januar einsetzenden medialen Corona-Dauerfeuers war die Gelassenheit. Einer verhängnisvollen Medienlogik[1] folgend wurde die öffentliche Erregung Woche für Woche immer weiter hochgeschraubt. Mit jedem neuen Nachrichtenbeitrag, jeder Fallzahlmeldung, jeder weiteren Expertenwarnung schwand in der Öffentlichkeit die Fähigkeit, ruhig und reflektiert abzuwägen. Deutlich wurde, dass das Virus die westlichen Gesellschaften in einer Verfassung erwischt hatte, in der sie für Nervosität und Panik außergewöhnlich anfällig waren.

Die vorangegangene Kette der globalen Verunsicherungen zog sich schon über 20 Jahre – 9/11, Irakkrieg, Finanzkrise, NSA-Skandal, Trump. Jedes dieser Stichworte stand für eine weltweite Erschütterung und von keiner hatte die Öffentlichkeit sich je erholt. Im Gegenteil – sie türmten sich zu einem Berg unbewältigter Schocks. Von Vertrauen in die Stärke und Richtigkeit des eigenen Systems konnte schon lange keine Rede mehr sein. Die »westliche Psyche« befand sich Anfang 2020 in einem Zustand hochgradiger Zerrüttung und Labilität. Metaphorisch gesprochen reichte ein Windhauch aus, um den Zusammenbruch einzuleiten – oder eben ein Virus.

Nachdem China, der ungeliebte Aufsteiger, der Welt vorgeführt hatte, wie stark und entschlossen es reagieren konnte, waren alle anderen Regierungen in Zugzwang. In Europa nahm das Unglück seinen Lauf, als am Samstag, dem 22. Februar, die ersten zwei Todesfälle in Italien gemeldet wurden. Unter dem Eindruck der alarmistischen Dauerberichterstattung der vorangegangenen vier Wochen und der rigorosen Maßnahmen in China verfiel die italienische Regierung in hektischen Aktionismus. Schon am nächsten Tag wies sie nicht nur an, Schulen, Universitäten und Unternehmen zu schließen, sondern – wie die Chinesen – auch mehrere komplette Städte abzuriegeln. Dadurch schoss die Panik in Europa auf ein neues Niveau. Nackte Angst brach aus.

Ministerpräsident Conte begründete die Maßnahmen dramatisch: Er wolle aus Italien kein »Lazarett machen«. Dieses Zitat wurde in der Tagesschau vom 23. Februar ausgestrahlt und machte Eindruck. Dass ein europäischer Staatschef offen zugab, Angst vor einem Massensterben der eigenen Bürger zu haben, ließ niemanden kalt. Schon am nächsten Tag, Italien meldete insgesamt fünf (!) Tote, berichtete die Tagesschau:

»Nach dem Auftreten des neuartigen Coronavirus in Italien sieht die Bundesregierung eine veränderte Lage für Deutschland. Gesundheitsminister Spahn rechnet damit, dass sich das Virus auch hierzulande ausbreiten könnte.«[2]

In der gleichen Sendung wurde gezeigt, wie die Italiener panisch ihre Supermarktregale leerräumten. Ein Rentner aus Genua wurde zitiert: »Die Nudelregale sind leer, was ist hier los? Nicht mal zu Beginn des Zweiten Weltkriegs brach eine solche Panik aus!« Die nervöse Reaktion der Italiener steckte, auch vermittelt durch solche Fernsehbilder, umgehend Deutschland an. Seitens der WHO wurde zugleich der Druck auf die Regierungen weiter erhöht, wie die Tagesschau am 25. Februar berichtete:

»Die Weltgesundheitsorganisation drängt die Regierungen weltweit, sich auf den Ausbruch von Corona vorzubereiten.

Krankenhausbetten, Isolierstationen und Beatmungsgeräte müssten einsatzbereit sein, hieß es in Genf.«

Auch diese Botschaft verfehlte ihre Wirkung nicht. Die WHO galt als vertrauenswürdig, die Erwähnung von Isolierstationen und Beatmungsgeräten pflanzte sofort alptraumhafte Bilder von elend an Apparaten sterbenden Menschen in die Köpfe. Diese Bilder und düsteren Visionen blieben für Wochen präsent und erschwerten vielen Menschen zunehmend ein klares und nüchternes Denken. Dass in der gleichen Sendung am Rande erwähnt wurde, alle in Italien im Zusammenhang mit dem Virus bislang registrierten Toten hätten Vorerkrankungen gehabt, ging in der öffentlichen Wahrnehmung schon wieder unter, da es nicht zum Rest der Geschichte passte.

Bundesgesundheitsminister Spahn, auch unter dem Druck der drängenden Empfehlungen der WHO sowie der aufgescheuchten Medien stehend, wandte sich mittlerweile fast täglich an die Öffentlichkeit. Am 26. Februar erklärte er mit dramatischem Ernst: »Wir befinden uns am Beginn einer Corona-Epidemie in Deutschland.« Ausgangspunkt waren sieben (!) neue Corona-Fälle in Deutschland, bei denen der Infektionsweg nicht mehr nachvollzogen werden konnte. Er komme immer mehr zu der Überzeugung, so der Minister, dass die Hoffnung, die Epidemie gehe an Deutschland vorbei, sich »nicht erfüllen« werde. Die Lage habe sich »in den letzten Stunden geändert«. Damit meinte er die sieben neuen Fälle.[3]

Mit diesem Auftritt, der die allgemeine Angst nochmals verstärkte, brachen in Deutschland alle Dämme. Er vermittelte die Botschaft, das tödliche Virus nähere sich mit Riesenschritten und sei im Grunde nicht mehr zu stoppen. Im Laufe des Tages setzte die Bundesregierung den im nationalen Pandemieplan vorgesehenen Krisenstab ein.[4] Die Medien zogen nach und starteten ihren ganz eigenen »Pandemieplan«: Auf *tagesschau.de* startete ein Liveblog, der fortan über Wochen und Monate keine Ruhe mehr gab. Die ersten Überschriften lauteten am 26. Februar:[5]

- »Neue Fälle in mehreren europäischen Ländern«,
- »WHO drängt zur Vorbereitung«,
- »Erster Fall in Baden-Württemberg«,
- »Auch Infektion in NRW bestätigt«,
- »Patient in NRW in kritischem Zustand«,
- »Coronavirus sorgt erneut für heftige Verluste an US-Börsen«,
- »Mehr als 100 neue Coronavirus-Fälle in Südkorea«,
- »Erster Verdachtsfall in Südamerika«,
- »Japan: Schulen in Hokkaido werden geschlossen«,
- »Europäischer Handelskammer-Chef warnt vor ›krassen‹ Folgen«,
- »Angst vor Pandemie drückt Dax«.

Am nächsten Tag, dem 27. Februar, mitten in der immer hysterischer werdenden Atmosphäre, hielt das Robert Koch-Institut (RKI) erstmals eine ausführliche Pressekonferenz zum Thema ab, wie sie von da an fast täglich organisiert wurde. Auf die Nachfrage eines Reporters, warum die Sorge bei den Behörden eigentlich so groß sei, verwies RKI-Chef Lothar Wieler auf die besonders hohe Todesrate des Virus. »Nach den Zahlen, die wir bisher haben, muss man davon ausgehen, dass etwa ein bis zwei Prozent der Menschen, die infiziert werden, an dieser Krankheit sterben«, so Wieler.[6] Das wäre zehnmal mehr als bei der normalen Grippe. Auf der eigenen Webseite äußerte sich das RKI zu diesem Zeitpunkt zurückhaltender als sein Chef: »Für eine abschließende Beurteilung der Schwere der neuen Atemwegserkrankung liegen gegenwärtig nicht genügend Daten vor«, hieß es dort knapp. Eine Sterberate wurde nicht angegeben.[7]

Wie sich später in zahlreichen Studien herausstellte, lag die Tödlichkeit tatsächlich um ein Vielfaches niedriger.[8] Zweifel daran waren auch schon im Februar angebracht, da sich die hohe Todesrate in China ganz offenkundig darauf zurückführen ließ, dass dort vor allem Schwerkranke getestet wurden und man die leicht Betroffenen kaum oder gar nicht erfasste – die aber mehr als 80 Prozent der Fälle ausmachten, wie man auch damals schon wusste.[9] Dass Wieler dieser Umstand klar war, deutete eine ungeschickt verklausulierte Formulierung von ihm auf der Pressekonferenz an:

»Die Raten sind zum Beispiel in China höher, als sie außerhalb Chinas sind. Der Grund liegt wahrscheinlich darin, dass in China insgesamt –«

An dieser Stelle brach Wieler ab und hielt inne. Es schien, als erkannte er, dass die logische Vervollständigung des Satzes (»dass in China insgesamt mehr Schwerkranke getestet werden«) zur problematischen Schlussfolgerung führte, dass die tatsächliche Todesrate dann ja niedriger sein müsse, weswegen die allgemeine Panik medizinisch schlecht begründet gewesen wäre. Wieler setzte neu an und umschiffte den heiklen Punkt mehr oder weniger elegant:

»Also man muss zunächst mal sagen, wir werden natürlich kaum je jeden Infizierten erfassen. Viele Leute haben ja eine Infektion und überhaupt keine oder ganz, ganz wenige Symptome. Das heißt, der Nenner, der sogenannte Nenner ist wahrscheinlich immer größer, als den wir wirklich sehen. Das heißt, in China wird man definitiv mehr schwere Fälle sehen und dann hat man dort höhere Todesraten. Das ist die Erklärung für die unterschiedliche Zahl.«[10]

Die Wieler gegenübersitzenden Journalisten von *BILD* bis *Süddeutscher Zeitung* und *New York Times* konnten dem RKI-Chef an dieser Stelle entweder schwer folgen oder erkannten die Bedeutung des Punktes nicht. Jedenfalls hinterfragte keiner der Anwesenden die Aussage oder bat um weitere Erklärungen. Warum man in China »mehr schwere Fälle sehen« würde als in anderen Ländern, blieb unklar. Sinnvoll wurde Wielers Äußerung allerdings, wenn man sie so verstand, dass China mehr schwere Fälle *erfasste* und die leichteren, mit schwachen oder gar keinen Symptomen, deshalb in der Statistik unter den Tisch fielen, was die Sterberate dann künstlich nach oben trieb. Wieler fügte an:

»Im Ausland sind wir bei Raten von etwa einem Prozent. Die könnten auch geringer sein. Das sind die aktuellen Zahlen. Aber klar ist: Die Raten an Verstorbenen sind höher als bei der Grippe. Wie viel höher, das werden wir dann sehen, wenn diese Epidemie vorbei ist.«[11]

»Klar«, wie Wieler meinte, war diese Schlussfolgerung allerdings schon damals nicht, vielmehr eine, mangels aussagekräftiger Daten, unbelegte Behauptung. Auf dieser fachlichen Basis agierte die Regierung. Man argumentierte mit einer Todesrate, deren extreme Überhöhung schon zu diesem Zeitpunkt den Fachleuten logisch einsichtig war. Deutlich wurde aber auch: Wieler war in diesem Spiel ganz offenkundig nicht derjenige, auf dessen Expertise die Regierung ihre Beschlüsse gründete. Spahn und Merkel hatten politisch entschieden, dem internationalen und medialen Druck nachzugeben. Dem RKI, so schien es, fiel nun die Aufgabe zu, im Nachgang der Öffentlichkeit die »passenden« Fakten vermitteln.

Für die Angabe der überhöhten Todesrate trug ursächlich nicht das RKI die Verantwortung. Die Irreführung kam von weiter oben, direkt von der WHO, die zu diesem Zeitpunkt, Ende Februar, auf ihrer Webseite zur Frage »Was sind die Symptome von Covid-19?« die Weltöffentlichkeit so informierte:

»Die häufigsten Symptome sind Fieber, Müdigkeit und trockener Husten. (…) Etwa zwei Prozent der Erkrankten sind gestorben.«[12]

Diese Sätze standen in einem Katalog von Antworten auf häufig gestellte Fragen zum Virus, den die WHO am 23. Februar veröffentlicht hatte. Für die angegebene Todesrate von zwei Prozent wurde keine Quelle genannt.

Am gleichen Tag meldete die Behörde in ihrem Lagebericht 77 042 bestätigte Fälle und 2 445 Tote in China – was rein rechnerisch eine Sterberate von 3,2 Prozent ergab. Für alle übrigen Länder wurden insgesamt 1 769 Fälle angegeben (ein Drittel davon steuerte die Massentestung auf dem Kreuzfahrtschiff Diamond Princess bei, ein weiteres Drittel Südkorea) und 17 Tote, woraus sich eine Sterberate außerhalb Chinas von einem Prozent ergab.[13] Addierte man die Zahlen von China und der restlichen Welt, kam man – wiederum rein rechnerisch – auf eine weltweite Todesrate von 3,1 Prozent. Wie die WHO von diesem Wert auf die von ihr genannten zwei Prozent kam, blieb undurchsichtig. Die tatsächliche Zahl musste um ein Vielfaches niedriger liegen, da man eben von 80 Prozent der Fälle mangels schwacher oder ausbleibender Symptome kaum etwas erfuhr.

Dass die WHO diese grundlegenden epidemiologischen Zusammenhänge von Anfang an nicht offen und für den Laien verständlich darlegte, ist ein deutlicher Hinweis darauf, dass sachfremde politische Motive im Spiel waren. Die Angst war offenbar politisch gewünscht, der Kurs in Richtung Ausnahmezustand schon eingeschlagen.

Bei der zweiten Pressekonferenz des RKI am Folgetag, dem 28. Februar, wurde die Todesrate differenzierter eingeordnet. Wieler war diesmal nicht zugegen. Der Vizechef der Behörde, Lars Schaade, erläuterte, dass es in China eine starke Untererfassung der Fälle gebe, die »laut einigen Autoren möglicherweise den Faktor 20 betragen kann, dass also nur fünf Prozent der Fälle überhaupt gefunden worden sind«.[14] Die international vermeldete Todesrate von zwei bis drei Prozent »würde dann sinken«. Außerdem sei bislang international gar nicht klar ausgewiesen, wie viele der Fälle überhaupt einen schweren Verlauf genommen hätten. Abschließend meinte Schaade, in auffälligem Widerspruch zu Wieler vom Vortag:

»*Meine Einschätzung wäre, dass sich das in etwa bewegt in der Schwere wie eine starke bis sehr starke Grippewelle.*«[15]

Schaade erklärte außerdem, dass das RKI das Tragen von Masken im Alltagsleben ausdrücklich »nicht« empfehle. Auf Nachfrage stellte er klar:

»*Das ist mehrfach untersucht worden: Es gibt einfach keine wissenschaftliche Evidenz, dass das irgendeinen Sinn hätte.*«[16]

In der Tagesschau tauchten diese Informationen nicht auf. Dass die Todesrate um den Faktor 20 (!) niedriger sein könnte und damit laut RKI im Bereich der Grippe liege, wurde in den Abendnachrichten vom 28. Februar einfach nicht erwähnt. Dort stimmte man die Bevölkerung stattdessen intensiv auf anstehende Quarantänemaßnahmen ein. In einem Beitrag wurde eindringlich erklärt, was das Infektionsschutzgesetz den Behörden alles erlaube und was den Bürgern nun vorgeschrieben sei:

»*Zeigt ein Patient Symptome der Krankheit, entscheidet das örtliche Gesundheitsamt, ob er in Quarantäne muss. (…) Die Quarantäne kann sogar gegen den Willen der Betroffenen durchgesetzt werden, aber nur mit richterlichem Beschluss. Das Gehalt wird während der Quarantäne grundsätzlich weitergezahlt. (…) Arbeitnehmer, die während der Quarantäne die Möglichkeit haben, zu Hause, im Homeoffice zu arbeiten, sind dazu aber auch verpflichtet.*«[17]

Es ging also nicht mehr nur um Händewaschen und »Nies- und Hustenhygiene«. Der Bevölkerung wurden wesentlich weitreichendere Eingriffe in ihr Privatleben angekündigt. Unterlegt war der Tagesschau-Bericht mit Filmaufnahmen von maskentragenden Bürgern im Alltag – was die RKI-Empfehlung dazu konterkarierte. Vermittelt wurde die klare Botschaft: Das Virus ist extrem gefährlich, den Anweisungen der Behörden ist Folge zu leisten.

Ebenfalls am Freitag, dem 28. Februar – am Ende jener Woche, in der Europa begonnen hatte, in Panik zu verfallen –, meldete sich Bill Gates zu Wort. Auf seinem Blog veröffentlichte er einen Text mit der forschen Überschrift: »Wie auf Covid-19 zu reagieren ist«.[18] Der Beitrag des Milliardärs erschien gleichzeitig auch im *New England Journal of Medicine*, einer der angesehensten und meistgelesenen medizinischen Fachzeitschriften der Welt, dort unter einem etwas bescheideneren Titel.[19] Gates ermahnte darin, dass aufgrund der besorgniserregenden Covid-19-Todesrate (!) nun die Impfstoffentwicklung massiv beschleunigt und mit öffentlichen Geldern unterstützt werden müsse. Die von ihm 2017 in Davos gestartete »Partnerschaft« von Pharmaindustrie, Regierungen und WHO zur Impfstoffentwicklung namens CEPI sei bereits bei der Arbeit. Man benötige aber rasch »Milliarden von Dollar« von den Regierungen, um die nötigen klinischen Studien abschließen und die Impfstoffe zur Zulassungsreife bringen zu können:

»Wissenschaftler konnten innerhalb weniger Tage das Genom des Virus sequenzieren sowie mehrere vielversprechende Impfstoffkandidaten entwickeln, und CEPI bereitet bereits bis zu acht von ihnen für klinische Studien vor. Wenn sich einer oder mehrere dieser Impfstoffe in Tierversuchen als sicher und wirksam erweisen, könnten sie bereits im Juni für größere Versuche bereit sein.«[20]

Mit anderen Worten: Die Rettung der Welt war auch ein Milliardengeschäft und der Druck enorm, die geplanten Impfstoffdeals mit Regierungen in aller Welt nun auch zu einem erfolgreichen Abschluss zu bringen. Eine Sterberate

in der Größenordnung der normalen Grippe – wie sie na-
helag, vom RKI zu der Zeit vermutet und von vielen Studien
später ermittelt wurde[21] – war das Letzte, was die beteiligten
Unternehmen in diesem Zusammenhang brauchen konnten.
Ohne die weltweite Angst vor Millionen Toten ließen sich die
neuen Impfstoffe kaum an den Mann bringen.

Dennoch wäre es zu eindimensional, die Motive der politischen Strategie allein bei den Interessen der Pharmaindustrie
zu suchen. Dafür war diese Krise – und damit auch der Einfluss
anderer, nicht profitierender Branchen – zu groß. Auch der
Person Bill Gates würde eine solche Verengung der Perspektive nicht gerecht. Gates agierte einerseits als kühl kalkulie-
render Manager, immer bestrebt, die Felder, in denen er aktiv
wurde, zu dominieren und Konkurrenten oder Widerstände
beiseitezuschieben, ob nun an der Spitze eines Weltkonzerns
oder einer Impfkampagne. Zugleich schien dieser Superreiche
ehrlich von dem Bemühen gelenkt, »der Welt zu helfen«, blieb
allerdings gefangen in einem Techniker-Tunnelblick, der für
alles nur technologische und kommerziell verwertbare Lösun-
gen sah. Auf geradezu idealistische Weise gab er sich überzeugt davon, das Profitstreben von gesichts- und kulturlosen
Weltkonzernen ließe sich mit Menschenliebe und Altruismus
in schönster Harmonie vereinen. Darin konnte man eine
tragische Selbsttäuschung sehen. Ein eiskalter Schurke aber,
der mit der Krise bloß Geld verdienen wollte, war Gates sicher
nicht – eher ein mächtiger Mitspieler in einem vielschichtigen
Netzwerk sehr verschiedener Interessen, die alle versuchten,
die sich abzeichnende Situation eines weltweiten Ausnahmezustands für eigene Vorhaben zu nutzen.

Die »Pandemie-Maschine« hatte derweil auch in Deutsch-
land Betriebstemperatur erreicht. Am 2. März erschien Jens
Spahn mit großer Besetzung auf der Bundespressekonferenz.
Erstmals tauchte Christian Drosten neben ihm auf, außer-

dem Lothar Wieler sowie weitere Professoren. Der Minister bekannte offen und sichtlich stolz, dass »der Auftritt heute Teil einer verstärkten Kommunikationsoffensive« sei. Es laufe bereits eine Anzeigenkampagne in allen großen Zeitungen, auch eigens von der Regierung produzierte Radiospots würden gesendet, außerdem »bespiele« man »auf allen Ebenen« die Social-Media-Kanäle.[22]

Solche Formulierungen hätte man eigentlich eher vom Marketingleiter eines Unternehmens auf einer internen Vorstandssitzung erwartet. Doch Spahn, verheiratet mit dem Cheflobbyisten des Burda-Medienkonzerns (»Bunte«, »Focus«), war das modische Denken in PR-Begriffen offenbar längst in Fleisch und Blut übergegangen. Politik war nicht nur Problemlösung, sondern auch Wahrnehmungsmanagement – eine Krise immer auch eine »gefühlte« Krise.

Nach der Vorstellung der smarten »Kommunikationsoffensive« ging es um das Eigentliche: die Gefährlichkeit des Virus. Wieler vermied es, nochmals von einer Todesrate zwischen einem und zwei Prozent zu sprechen wie noch wenige Tage zuvor. Stattdessen formulierte er vorsichtig:

»Was ganz wichtig ist: Wir haben für eine abschließende Beurteilung der Schwere der neuen Atemwegserkrankungen nicht genügend Daten. Wir können die Schwere nicht genügend einschätzen.«[23]

Dennoch habe man die Gefahrenstufe für die Gesundheit der Bevölkerung in Deutschland auf »mäßig« erhöht. Anschließend kam Drosten an die Reihe. Nachdem ihn die Tagesschau in den Tagen zuvor mehrfach als unabhängigen Experten präsentiert hatte, war dies sein erster großer Auftritt an der Seite der Regierung. Auch der Virologe blieb zurückhaltend:

»Es ist fast unmöglich im Moment zu sagen, wie gefährlich das Virus ist. Gefährlichkeit ist keine Zahl. Und das ist eigentlich

der Grund, warum wir hier Erklärungen liefern müssen, die wir zum Teil selber nicht haben oder selber gerade erst dabei sind zu verstehen. (…) Im Moment sind wir in einem Korridor von 0,3 bis 0,7 Prozent Fallsterblichkeit.«[24]

Eine Quelle für diese vollkommen neuen Zahlen gab Drosten nicht an, wurde von den anwesenden Journalisten auch nicht danach gefragt. Er ergänzte:

»Wir haben viele milde Fälle. Diese Erkrankung ist eine milde Erkrankung. Das ist eine Erkältung in erster Linie. (…) Die Frage ist also, worüber besorgen wir uns hier eigentlich?«[25]

Die anwesenden Pressevertreter lauschten aufmerksam, als der Virologe ausführte, dass auch eine solche »Erkältung« gefährlich werden könne, wenn zu viele Menschen auf einmal daran erkrankten und das Gesundheitssystem gleichzeitig belasteten. Daher gelte es, die Ausbreitung zu verlangsamen.

Dass eine massive Überlastung von Arztpraxen und Krankenhäusern mit vielen Toten bei Grippewellen immer wieder zu beobachten war, wie etwa Anfang 2018, in der Vergangenheit aber nie zu großen Pressekonferenzen, Krisenstäben und Daueralarm geführt hatte, blieb unerwähnt. Die Virusgefahr wurde als vollkommen neue, so nie dagewesene Bedrohung beschrieben – was sich durch die Zahlen allerdings nicht untermauern ließ. Drosten räumte sogar ein, dass die Ansteckungsrate des Virus – die sogenannte »sekundäre Attack-Rate« – mit fünf bis zehn Prozent niedriger sei als bei einer Influenza-Pandemie.[26]

Auf eine brisante Nachfrage eines Journalisten folgte dann noch ein sehr bemerkenswertes Eingeständnis. Ein Reporter hatte die von Drosten genannte untere Grenze der Todesrate (0,3 Prozent) kombiniert mit der von ihm an anderer Stelle gemachten Aussage, das Virus werde 60 Prozent der Bevölkerung befallen. Zusammengerechnet ergab das mindestens 150 000 Tote in Deutschland. War ein solcher Massentod nun tatsächlich zu erwarten? Drosten beschwichtigte, so könne man das nicht rechnen, denn:

»Menschen sterben sowieso in Deutschland, und zwar jedes Jahr ungefähr 850 000. Diese Menschen haben ein sehr ähnliches Altersprofil wie auch die Patienten, die an dieser Viruserkrankung sterben. Und auch da ist es so, dass natürlich vor allem Patienten mit Grunderkrankungen sterben, ältere Patienten – und das ist auch bei diesem Virus so. Ab einem gewissen Wert geht so eine Erkrankung auch ganz schnell im normalen Geschehen unter.«[27]

Diese Erklärung erstaunte. Denn genauso argumentierte auch Wolfgang Wodarg, der immer wieder betonte, man müsse auf die tatsächlich gemessene Übersterblichkeit schauen, um die Gefährlichkeit einschätzen zu können. Das leuchtete ein, denn wenn positiv getestete Menschen im Alter der ganz normalen Lebenserwartung verstarben – wie es bei Covid-19 überwiegend der Fall war –, dann hieß das natürlich, ohne Virus wären diese Menschen, als Gruppe betrachtet, ungefähr zur gleichen Zeit gestorben. Solche Tode waren kein Grund zur Ausrufung eines nationalen Notstands.

Als Wodarg auf diesen Zusammenhang hinwies, hatte man ihn zum gefährlichen Verharmloser erklärt.[28] Bei Drosten wurde es von den Medien einfach still übergangen. Schließlich stand er an der Seite der Regierung. Und die schützte ja die Bürger.

10 Vom Testwahn zum Lockdown (März 2020)

Zu den größten Auffälligkeiten in der Corona-Krise gehörte der eigenwillige Umgang mit medizinischen Grundbegriffen. Die Erkrankung, die Christian Drosten, wie erwähnt, sachlich richtig als »milde Erkältung« bezeichnet hatte, wurde in Politik und Medien ähnlich behandelt wie Ebola, die Pocken oder die Pest. Man sprach von »Infizierten«, »Verdachtsfällen« und »Covid-19-Erkrankten«, wo man in mehr als 80 Prozent der Fälle bloß Menschen meinte, die Husten, Schnupfen oder schlicht und einfach gar nichts hatten – die sogenannten »asymptomatisch Erkrankten«.

Die Grenzen der Sprache sind die Grenzen unseres Denkens und wo es rund um das Coronavirus sprachlich nichts Harmloses mehr gab, da war auch diese spezielle Erkältung nicht mehr harmlos zu denken. Jeder positiv Getestete war nicht weniger als ein potenzieller Fall für die Intensivstation, ein möglicher »Superspreader« (»Superverbreiter«), ein radikal von der Gemeinschaft zu trennender Todesbote.

Bald wurde in den Statistiken die Rubrik »Genesene« eingeführt, für all diejenigen positiv Getesteten, die dem Tod noch einmal von der Schippe gesprungen waren. Mit banger Erleichterung wurde das rasche Anwachsen dieser Zahl registriert. Doch kaum jemand stellte die naheliegende Frage: Wie konnte jemand »genesen«, der zuvor gar nicht erkrankt war – wie die große Mehrheit der »Fälle«?

Der PCR-Test, den das Team um Drosten entwickelt hatte, wies »Virusmaterial« nach, keine Krankheit. Offen blieb dabei vieles. War das nachgewiesene Material in jedem Fall auch vermehrungsfähig, also überhaupt in der Lage, eine Krankheit auszulösen?[1] Befand sich in den Atemwegsorganen des Getesteten eine ausreichende Menge an Viren, um ihn krank zu machen? Oder war die Viruslast dafür zu gering? Solche wesentlichen Fragen konnte der PCR-Test mit seiner simplen Einteilung in positiv und negativ nicht beantworten.

Zudem wies der Test eine technisch bedingte Falsch-Positiv-Rate auf, deren verzerrender Einfluss auf die Ergebnisse desto gravierender wurde, je mehr die Verbreitung des Virus in der Bevölkerung zurückging – wie es ab April 2020 zu beobachten war.[2] Ein Bericht des Deutschen Ärzteblatts kam am 12. Juni zum Ergebnis, dass ein PCR-Test unter bestimmten Umständen sogar in der Mehrzahl (!) der Fälle falsche Ergebnisse liefern könne:

»Der positive Vorhersagewert (…) ist mit 0,30 erschreckend gering – 70 Prozent der als positiv getesteten Personen sind gar nicht positiv, ihnen wird aber Quarantäne verordnet.«[3]

Sogar Jens Spahn räumte dieses Problem zwei Tage später ein – allerdings ohne erkennbare Konsequenzen auf das Testgeschehen oder die Medienberichterstattung dazu.[4]

Ein positives PCR-Testergebnis ließ sich, seriös betrachtet, nur als erster Hinweis auf eine gesundheitsgefährdende Virusinfektion deuten. Nicht umsonst wiesen zahlreiche Hersteller darauf hin, der Test sei »nicht zur Diagnose«, sondern »nur für Forschungszwecke« geeignet.[5] Für eine verlässliche Diagnose bedurfte es weiterer Überprüfungen. Diese fanden in der Regel aber nicht statt. Stattdessen verließ man sich in den meisten Fällen völlig auf den vermeintlich »hochmodernen« Test – den schließlich auch die WHO empfohlen hatte.

Abgesehen von den Schwachpunkten des PCR-Tests stellten sich noch ganz andere Fragen. Bis Ende März 2020 waren in Deutschland Influenzaviren wesentlich verbreiteter als Coronaviren. Laut der virologischen Überwachung des RKI, die auf Daten angeschlossener Arztpraxen beruht und die unabhängig von der Corona-Krise schon seit vielen Jahren kontinuierlich durchgeführt wird, lag 2020 in allen Märzwochen der Anteil an Influenza-Positiven in den untersuchten Proben um ein Vielfaches über dem Anteil der Corona-Positiven (ausdrücklich wurde auf den Erreger SARS-CoV-2 getestet).[6]

Mit einer wöchentlichen Probenanzahl im dreistelligen Bereich handelte es sich vom Umfang her um eine eher kleine, laut Angaben des RKI aber für Deutschland repräsentative Untersuchung. Dass die Influenza im März 2020 verbreiteter war als Covid-19, ist ein unstrittiger Fakt, ebenso, dass die Influenza für Risikogruppen eine sehr tödliche Krankheit ist. Laut Schätzungen des RKI starben allein innerhalb der vergangenen zehn Jahre in vier Wintern jeweils (!) über 20 000 Menschen in Deutschland an der Influenza.[7] Influenza und Covid-19 weisen annähernd gleiche Symptome auf. Ohne Labortest ist nicht zu sagen, welches Virus den hustenden, verschnupften, fiebrigen Patienten befallen hat.[8] Sowohl bei der Influenza als auch bei Covid-19 führt meist eine Lungenentzündung zum Tod.

Das sich daraus ergebende Problem ist offenkundig: Bei dem ab Anfang März explodierenden Testgeschehen (pro Woche kam es zu mehreren Hunderttausend Tests) wurde *nicht* auf Influenza, sondern *nur* auf Corona getestet. Daher ist es nicht nur möglich, sondern sehr wahrscheinlich, dass man bei vielen, wenn nicht den meisten positiv Getesteten im März auch Influenzaviren hätte nachweisen können – wenn man denn danach gesucht hätte!

Die höchsten täglichen Todeszahlen bei Covid-19-Fällen in Deutschland meldeten die Behörden zwischen Anfang und Mitte April.[9] Da es von der Infektion bis zum Tod etwa drei Wochen dauert, hatten sich diese Menschen im März infiziert, also zu einem Zeitpunkt, als die Influenza noch um ein Vielfaches so stark verbreitet war wie Covid-19. Die Preisfrage lautet nun: Wie kann sichergestellt werden, dass die »Corona-Toten« in jener Zeit tatsächlich an Covid-19 und nicht an der Influenza verstorben sind? Die Antwort darauf ist so einfach wie brisant: Eine solide Aussage darüber ist nicht möglich. Die Annahme, nicht Influenza-, sondern allein Coronaviren hätten all diese Todesfälle ausgelöst, ist reine Spekulation und nicht bloß unbelegt, sondern in hohem Maße unwahrscheinlich.

Man darf annehmen, dass zumindest einigen der zuständigen Fachleute beim RKI, dem Bundesgesundheitsministerium und den Landesbehörden diese Zusammenhänge auch klar waren. Die Tatsache, dass bis auf wenige »Outsider« wie Wolfgang Wodarg aber *niemand* von ihnen öffentlich darauf hinwies, zeigt, wie groß der politische Druck in dieser Frage von Anfang an war. Jeder Experte aus den verantwortlichen Gesundheitsinstitutionen konnte beim Blick in die Nachrichten erkennen, dass Regierung und Medien sich festgelegt hatten und es keinen Raum mehr gab für grundsätzlichen Widerspruch. Sich der »Pandemie-Maschine« in den Weg zu stellen, erforderte, was die eigene Karriere anging, geradezu selbstmörderischen Idealismus. Besser, man blieb im sicheren Rudel, heulte mit den Wölfen – oder hielt den Mund.

Diese politische und medizinische Lage bildete den Hintergrund zum Ende März beschlossenen sogenannten »Lockdown«, einem weitgehenden Stopp des öffentlichen Lebens, wie es das nie zuvor gegeben hatte. Der Weg dahin sei kurz skizziert.

Am 4. März schloss die italienische Regierung alle Schulen und Universitäten und riegelte am folgenden Wochenende weite Teile des Landes ab. Mehr als zehn Millionen Bürger durften ihre Regionen nicht mehr verlassen. Man kopierte erneut die radikalen Maßnahmen Chinas.

Am Montag, dem 9. März, stürzte der DAX so stark ab wie zuletzt nach den Terroranschlägen am 11. September 2001. An der Wall Street wurde der Börsenhandel zeitweise ausgesetzt. Die Tagesschau erwähnte das am Abend dennoch nur am Rande, denn zur Spitzenmeldung hatte man ein ganz anderes »Großereignis« erhoben: die ersten beiden »Corona-Toten« in Deutschland. Es handelte sich um eine 89-jährige Frau und einen 78-jährigen Mann, bei dem »eine Vielzahl von Vorerkrankungen« festgestellt worden war.[10] Dass die Redaktion der wichtigsten Nachrichtensendung des Landes entschied, das Ableben von zwei schwerkranken alten Menschen zur Spitzenmeldung zu machen, ließ tief blicken. Die Medien hatten diesem Ereignis förmlich entgegengefiebert: Wann »endlich« würden die ersten Deutschen sterben? Traurig, aber wahr: Die Situation war zu diesem Zeitpunkt nicht medizinisch außer Kontrolle geraten, sondern medial.

Am 10. März erklärte die Regierung in Rom ganz Italien zur Sperrzone. Von Mailand bis Palermo galt ein pauschales Versammlungsverbot. Niemand durfte mehr das Haus verlassen außer zum Arbeiten, Einkaufen oder für einen Arztbesuch. Historisch gesehen war das beispiellos. Restaurants mussten um 18 Uhr schließen, das soziale Leben erstarb. Ganz Italien wurde zur »Schutzzone«, so der Ministerpräsident. Damit hatte man China, was die Schärfe der Maßnahmen anging, nun sogar überholt. Dessen Präsident Xi Jinping erklärte derweil bei einem Besuch in Wuhan am gleichen Tag frohen Mutes, die Epidemie sei im Wesentlichen eingedämmt.

Am 11. März – man meldete weltweit 4000 »Corona-Tote« und nicht nur in China, sondern auch im stark betroffenen Südkorea ebbten die Ausbrüche den offiziellen Zahlen zufolge bereits deutlich ab – erklärte die WHO die Krise überraschend zur weltweiten »Pandemie«. Die Gründe für diesen Beschluss blieben undurchsichtig und vage. Man denke, so der WHO-Chef, dass international bislang zu wenig unternommen werde. Daher läute man nun »die Alarmglocke«. Regierungen überall in der Welt müssten aktiver werden und insbesondere die Krankenhäuser für den zu erwartenden Ansturm vorbereiten.[11]

In Deutschland näherte sich der Lockdown nun mit Riesenschritten. Die Bundesliga, nationales Heiligtum, stellte den Spielbetrieb ein. Am gleichen Tag, einem Freitag, dem 13., begann die Tagesschau mit einer Bombe, deren »Detonation« in den folgenden Wochen Familien überall im Land an den Rand des Nervenzusammenbruchs führen sollte. Tagesschau-Sprecher Jan Hofer erklärte mit sanfter Stimme und milde lächelnd:

»Guten Abend, meine Damen und Herren, ich begrüße Sie zur Tagesschau. Millionen Eltern in Deutschland werden sich von Anfang nächster Woche an selbst um die Betreuung ihrer Kinder kümmern müssen. Fast alle Bundesländer haben heute die Schließung ihrer Schulen und Kindertagesstätten beschlossen oder den Unterricht eingestellt. Ziel ist es, eine schnelle Ausbreitung des Coronavirus zu verhindern.«

Damit zog die Regierung dem normalen Leben im Land vollends den Stecker. Ohne Kinderbetreuung wurde das Leben von berufstätigen Eltern auf den Kopf gestellt. Was sich in der oberen Mittelschicht, wo viele Journalisten und Politiker zu Hause waren, noch als ungewohnte »Unannehmlichkeit« oder sogar »endlich Zeit für die Familie« verkraften ließ, bedeutete für Angestellte und Freiberufler mit geringem Einkommen und kleinen Kindern oftmals ein existenzielles Chaos. Die Regierung blieb dafür auffallend blind. Außer guten Ratschlägen kam kaum Hilfe aus Berlin.[12]

Zusätzlich wurden Besuche in Altenheimen untersagt und deren Bewohner, die sowieso schon im gesellschaftlichen Abseits standen, damit vollständig isoliert und der Vereinsamung überlassen – eine schlimmere Strafe ließ sich für diese Menschen kaum denken. Es war das eine, Risikogruppen und insbesondere alte Menschen durch besondere Vorsichtsmaßnahmen zu schützen, aber etwas ganz anderes, pauschale Besuchsverbote auszusprechen und die Altenheime damit zu einer Art »Isolationsknast« zu machen. Die Krise zeigte deutlich, dass »die Menschen im Lande« (Angela Merkel) als willfährig zu lenkende Manövriermasse betrachtet wurden, über die man desto freier verfügen zu können meinte, je schwächer und hilfloser die Bürger waren. Alte und Kinder hatten da ganz schlechte Karten.

Am nächsten Tag, Samstag, dem 14. März, erschien der *Spiegel* mit einem Notfallmediziner in Schutzkleidung auf dem Cover, der zwischen den Planen eines Lazarettzeltes stand. Die Überschrift lautete: »Sind wir bereit?«. Gefühlt stand man kurz vor dem Weltuntergang, während real zu diesem Datum insgesamt acht (!) »Corona-Tote« in Deutschland zu verzeichnen waren. *Spiegel*-Autor und Relotius-Förderer[13] Ullrich Fichtner ließ sich von solchen Kleinigkeiten nicht beirren. Voll düster-prophetischer Vorahnung raunte er:

»Wenn die Toten gezählt sind, wird sich das System einige unangenehme Fragen stellen müssen. Wie konnten Regierungen und Staaten die aufziehende Gefahr verkennen? Und warum waren sie bis zuletzt unfähig zu entschlossener Aktion?«[14]

Tatsächlich stellten sich einige Wochen später ganz andere Fragen.

Am gleichen Tag begann die Stadt Berlin in überraschender Geschwindigkeit und Härte damit, Italien zu kopieren.

Der Senat beendete per einfacher Verfügung das öffentliche Leben in der Hauptstadt. Alle Kneipen, Clubs, Messen, Kinos und Theater durften ihre Türen nicht mehr öffnen – sogar die Kirchen (die sich das gefallen ließen). Sämtliche Versammlungen von mehr als 50 Menschen wurden pauschal verboten, somit auch jegliche politischen Demonstrationen – ein frontaler Angriff auf das Grundgesetz. In den Medien bezeichnete man dieses rabiat-autoritäre Vorgehen unbeholfen als »Shutdown«, ein bisher nur aus den USA bekannter Begriff, dort verwendet, wenn sich miteinander verzankte Abgeordnete nicht auf die Verabschiedung eines gemeinsamen Haushalts einigen konnten und deshalb die öffentlichen Einrichtungen schließen mussten und das Land blockiert war, in der Geiselhaft überforderter Politiker. Insofern passte das Wort dann wieder.

Die Zielgerade zum eine Woche später verkündeten Lockdown (ein weiterer unbeholfener Begriff für die groteske Idee, ganze Länder vollständig unter Quarantäne zu stellen) illustrieren die folgenden Schlagzeilen der Tagesschau-Redaktion, erschienen in der Woche von Montag, dem 16. März, bis Freitag, dem 20. März:

- »Der Dax stürzt ab« (16.3.),
- »Ausgangssperre in Frankreich« (17.3.),
- »RKI stuft Gefährdung als ›hoch‹ ein« (17.3.),
- »Keine Ausgangssperre – noch nicht« (18.3.),
- »Merkel fordert von Deutschen Disziplin in der Corona-Krise« (18.3.),
- »Bundesweite Ausgangssperre rückt näher« (20.3.).

In dieser Woche wurden auch die inzwischen berühmt gewordenen Schockbilder aus Norditalien gesendet. Am 19. März eröffnete die Tagesschau mit dem Video einer endlos erscheinenden Kolonne von Militär-Lkws im Morgengrauen, die durch die Stadt Bergamo fuhren. Der Italien-Korrespondent der ARD erklärte dazu:

»Heute Morgen in Bergamo – ein beängstigendes Bild. Ein ganzer Konvoi mit Militärfahrzeugen bringt Tote zu Krematorien. Die Anlagen des Stadtfriedhofs aber sollen dem Ansturm nicht gewachsen gewesen sein. Italien, die in Europa vom Coronavirus am schwersten betroffene Nation, hat seit heute, mit offiziell etwas mehr als 3 400 Corona-Opfern, mehr Tote als das weit bevölkerungsreichere China zu beklagen. Italien ist damit zum neuen Weltzentrum für Covid-19 geworden.«

Es folgten Bilder von reglos an Schläuchen hängenden Patienten auf einer Intensivstation:

»In den Krankenhäusern Norditaliens sprechen Ärzte und Pflegepersonal in diesen Tagen von ›Krieg‹. Die Zahl der Eingelieferten ist vielerorts so hoch, dass Ärzte sie nicht mehr alle versorgen können. Sie müssen entscheiden, wem sie helfen und wem nicht – Entscheidungen über Leben und Tod. Eine Krankenschwester berichtet, es gebe so viele Opfer, dass man kaum mehr Zeit habe, sie zu zählen.«

Diese aufwühlenden Bilder und der dramatische Begleittext prägten sich tief ins kollektive Gedächtnis der 16 Millionen Zuschauer ein, die diese Tagesschau-Ausgabe sahen. Noch Wochen und Monate später begegneten sie Kritikern der Corona-Maßnahmen in Diskussionen, stets vorgetragen im Ton unduldsamer Empörung: Wie können Sie das Virus so verharmlosen? Haben Sie denn nicht die Bilder der Toten und Sterbenden in Italien gesehen?

Der Beitrag – und ähnliche gleichartige – hatten eine unglaubliche Wirkung. Man konnte fast schon von einer Traumatisierung der Zuschauer sprechen. Urängste wurden direkt angesprochen, tiefste Emotionen geweckt. Die Bilder ließen diejenigen, die sie gesehen hatten, nicht mehr los. Mit sachlichen Argumenten war gegen den medial ausgelösten Schock kaum anzukommen.

Tatsächlich war der Beitrag in hohem Maße manipulativ, da er unausgesprochen drei spekulative oder sogar falsche Annahmen unterstellte. Erstens: Für die Tausenden Toten wäre allein das neue Virus verantwortlich. Zweitens: Die Menschen wären ohne das Virus nicht gestorben, sondern hätten noch lange Zeit zu leben gehabt. Und drittens: Das Gesundheitssystem in Italien funktioniere sonst gut und breche bei Grippewellen nicht zusammen. Für den Kollaps der Krankenhäuser trage daher ebenfalls allein das neue, außergewöhnlich tödliche Virus die Verantwortung.

Nichts davon ließ sich belegen. Italien litt, auch infolge der Sparmaßnahmen nach der Finanzkrise, unter gravierenden Lücken im Gesundheitswesen.[15] Es existierten viermal weniger Intensivbetten pro Einwohner als in Deutschland.[16] Die Überlastungsgrenze war also viermal schneller erreicht. Zwei Jahre zuvor, beim Massensterben während der Grippewelle 2018, standen die Krankenhäuser in der Lombardei daher schon einmal vor dem Kollaps – damals allerdings von der Weltpresse unbemerkt.[17] Was interessierten auch, so ließe sich sarkastisch fragen, soziale Notlagen in einem widerspenstigen »Pleiteland«?

Was die Todesursachen der Verstorbenen anging, so waren diese alles andere als eindeutig geklärt. Einer 2 000 Todesfälle umfassenden Untersuchung des italienischen Nationalen Gesundheitsinstituts vom 17. März zufolge (die der ARD-Korrespondent zum Zeitpunkt seines Berichtes also hätte kennen können) hatten 99 Prozent der positiv getesteten Verstorbenen an einer oder mehreren Vorerkrankungen gelitten, 49 Prozent sogar unter drei Vorerkrankungen. Nur bei drei Personen war keine Vorerkrankung bekannt. Das Durchschnittsalter der Verstorbenen betrug 80 Jahre, was ungefähr der allgemeinen Lebenserwartung entsprach. Nur

17 der 2 000 Toten waren jünger als 50.[18] Walter Ricciardi, wissenschaftlicher Berater des italienischen Gesundheitsministers, räumte Ende März ein:

»Die Art und Weise, wie wir die Todesfälle in unserem Land erfassen, ist sehr großzügig in dem Sinne, dass alle Menschen, die in Krankenhäusern mit *dem Coronavirus sterben, als* am *Coronavirus gestorben betrachtet werden.«*[19]

Das war in hohem Maße fragwürdig, da in der Statistik üblicherweise die Vorerkrankung als Todesursache gezählt wird. Leidet jemand etwa seit Jahren an Krebs und erkrankt in den letzten Tagen seines Lebens zusätzlich an einer Lungenentzündung, so gilt er dennoch als Krebstoter.[20] Dieses Prinzip wurde in der Corona-Krise auf den Kopf gestellt, nicht nur in Italien, sondern auch in Deutschland. Allein das war ein unglaublicher Skandal – der von Regierung und Medien aber mit einem Schulterzucken hingenommen wurde.[21]

Im Zusammenhang mit einer Atemwegserkrankung schien es außerdem von Bedeutung, dass im Krisengebiet Norditalien die Luft so schlecht war wie in kaum einer anderen Region Europas, was sich sogar auf Satellitenbildern erkennen ließ.[22] Italienische Forscher sahen einen direkten Zusammenhang der massiven Luftverschmutzung zur Häufung der Corona-Fälle.[23]

Nichts davon wurde im Beitrag der Tagesschau erwähnt. Die Schlussfolgerungen hätten auch kaum zur Story gepasst, sondern eine ganz andere, »langweiligere«, aber nicht weniger tragische Geschichte erzählt: Seit langer Zeit in verdreckter Luft lebende schwerkranke Menschen wurden am Ende ihres Lebens in kaputt gesparte Krankenhäuser eingewiesen, wo sie, zusätzlich an einem Atemwegsleiden erkrankt, durchschnittlich 80-jährig verstarben.

Hätte man diese Menschen nicht auf das Coronavirus getestet, wären die Krankenhäuser zwar ebenso überfüllt gewesen, doch hätte man dann lediglich von einer »besonders schlimmen Grippewelle« gesprochen, was niemanden im Ausland besonders interessiert hätte – so wie es auch 2018 kaum jemanden interessiert hatte. Über landesweite Notstandsmaßnahmen hätte man nicht nachgedacht. Warum auch? Das Problem war ganz offenkundig nicht ein einzelnes, spezielles Erkältungsvirus, sondern eine verschmutzte Umwelt und ein marodes, unterfinanziertes Gesundheitssystem.

Einen Kollaps der Krankenhäuser hatte es 2018 auch in anderen Ländern gegeben, etwa in den USA, wo im Januar jenes Jahres Grippepatienten in Lazarettzelten auf Parkplätzen (!) versorgt werden mussten, als das – dort ebenfalls kaputt gesparte – Gesundheitssystem dem Ansturm der Kranken nicht mehr länger standhielt.[24] Auch in Deutschland kam es damals zu dramatischen Situationen im Notdienst, die Ärzten zufolge zeitweise »nicht mehr beherrschbar« waren.[25] Zu Krisenstäben und Notstandsbeschlüssen hatte das nicht geführt. Ohne Killervirus war das Leid von Menschen, die sich keine private Sonderbehandlung leisten konnten und auf das öffentliche System angewiesen waren, für die Politik – und oft auch für die Medien – leider meist uninteressant.

Die letzten Schritte zum Lockdown waren nun ein Kinderspiel. Die Angst der Menschen um das eigene Leben und das ihrer Lieben beherrschte vollkommen die Köpfe. Die Bilder aus Italien verunsicherten die Menschen nicht nur, sondern versetzten sie buchstäblich in Todesangst. Mit einer so »weichgekochten« Bevölkerung konnte man alles machen. Und das tat man dann auch.

Der bayrische Ministerpräsident Markus Söder verhängte am 20. März eine »Ausgangsbeschränkung«: Das Verlassen der eigenen Wohnung war in Bayern fortan nur noch »bei Vorliegen triftiger Gründe erlaubt«, allein oder allenfalls in Begleitung der eigenen Familie. Söder erklärte, er wolle die

Menschen schützen, »auch vor sich selbst«.[26] Der vormundschaftliche Staat nahm Gestalt an. Die Gesellschaft wurde in winzige Familiengrüppchen parzelliert, die sich nicht mehr begegnen sollten. Lebensfeindlicher ging es kaum.

Begründet wurde all das mit den ständig steigenden Fallzahlen, die sich zu diesem Zeitpunkt auch tatsächlich abrupt verdreifacht hatten. Meldete man in der Vorwoche noch 8 000 Fälle, so waren es in der Woche, an deren Ende der Lockdown stand, schon 24 000. Die Gefahr schien somit greifbar und für jeden verständlich. Was dabei verborgen blieb und erst durch eine Recherche des Magazins *Multipolar* am 28. März öffentlich gemacht wurde: Im gleichen Zeitraum hatte man auch die Anzahl der Tests verdreifacht: von 130 000 auf 350 000. Die tatsächliche Steigerung der Fallzahlen, relativ zur Anzahl der Tests, betrug lediglich einen (!) Prozentpunkt: Zwischen dem 9. und 15. März wurden sechs Prozent der Untersuchten positiv auf das Virus getestet, zwischen dem 16. und 22. März hingegen sieben Prozent. Dieser »rasante« Anstieg stellte das »exponentielle Wachstum« der Epidemie dar, von dem alle sprachen. Es handelte sich um eine atemberaubende Irreführung![27]

Am Sonntag, dem 22. März, wusste das in der Öffentlichkeit noch niemand, da das RKI die Zahlen zur Menge der Tests noch nicht veröffentlicht hatte. Angela Merkel erklärte an diesem Tag, das Virus breite sich »weiter mit besorgniserregender Geschwindigkeit in unserem Land aus«, weshalb man die Krankenhäuser »auf den zu erwartenden weiteren hohen Anstieg der Fallzahlen« vorbereite.

Anschließend verkündete sie sogenannte »Leitlinien für das Verhalten und die Bewegungsfreiheit«, beschlossen von der Bundesregierung gemeinsam mit den Ministerpräsidenten der Länder – und ohne Beteiligung von Parlamenten –, an die sich alle Bürger des Landes »zu halten haben«. Konkret:

Treffen von mehr als zwei Personen in der Öffentlichkeit wurden verboten, ein »Mindestabstand im öffentlichen Raum von 1,50 Metern« für verpflichtend erklärt, alle Restaurants geschlossen. Merkel zufolge waren das »keine Empfehlungen, sondern Regeln«, deren Einhaltung überwacht wurde: »Die Ordnungskräfte werden das überprüfen und wo sie Verstöße feststellen, wird es Folgen haben und Strafen geben.« Laut der Kanzlerin blieben aber auch Freiheiten: »Der Weg zur Arbeit bleibt selbstverständlich weiter möglich.«[28]

Die düstere Utopie einer verängstigten, unfreien Gesellschaft schien sich realisiert zu haben. Es hatte nur ein paar Wochen überhitzter, uniformer, vom Zweifel befreiter Medienberichterstattung gebraucht – und einer Politik, die sich diese zum Kompass machte.

Epilog: Über das Sterben – und den Irrtum

Was bleibt, wenn man mit Abstand auf das Geschehen schaut? Jedes Jahr sterben Millionen Menschen auf der Welt, unter sehr unterschiedlichen Umständen und in sehr unterschiedlichem Alter. Viele dieser Todesfälle werden in der öffentlichen Debatte zum großen Teil widerspruchslos hingenommen, da man sich an sie gewöhnt hat: Hungertote, Kriegstote, durch Umweltgifte Verstorbene, aber auch Verkehrstote, Alkoholtote, Influenzatote oder an Krankenhauskeimen Verstorbene. Offenkundig ist es nicht richtig, vermeidbare Todesfälle zu akzeptieren. Nichts müsste auf der Welt vorrangiger sein als die Verhinderung solchen Leides, das nie nur individuell ist, sondern immer auch die Familien, Freunde und das gesamte Umfeld der Verstorbenen schwerstens belastet.

Es kann dabei in der Wichtigkeit keine Rangliste nach Todesursachen geben. Jedes Leben muss geschützt werden und gerade alte Menschen haben Respekt, Unterstützung und Zuwendung verdient. Dennoch spielt das Todesalter eine Rolle. Es ist nicht das Gleiche, mit 5 oder mit 85 sein Leben zu verlieren. Dieser Unterschied wird besonders beim Blick auf arme Länder deutlich. Nach Angaben von UNICEF sterben jeden Tag (!) 15 000 Kinder unter fünf Jahren an Hunger und vermeidbaren Krankheiten – eine permanente Katastrophe, für die es keine internationalen Krisenstäbe, keinen ARD-Brennpunkt, keine täglichen Live-Ticker und keine dreistelligen Milliardenhilfen westlicher Regierungen gibt.[1]

Corona hat den Blick vieler Menschen (und Medien) absurd verengt. Es ist verständlich, eine Triage, also eine Entscheidung darüber, welchen Menschen in einer Notlage zuerst geholfen wird, als unethischen Tabubruch abzulehnen und tief zu erschrecken, wenn von solch einer Selektion in Krankenhäusern berichtet wird. Dennoch hilft es nichts, die Augen davor zu verschließen, dass eine solche Triage längst stattfindet, täglich und weltweit, nur eben nicht unter den Augen der Medien. Jeder Hungertote in Afrika ist, global betrachtet, Opfer einer Triage. Man hat ihm nicht geholfen, obwohl es möglich gewesen wäre.

Die Aufregung über den Tod der Alten im Frühjahr 2020 steht zudem in merkwürdigem Missverhältnis zum sonstigen Desinteresse an ihnen. Die Umstände in der Altenpflege sind, selbst in einem reichen Land wie Deutschland, zum großen Teil katastrophal, was sich ändern ließe, aber nicht geändert wird. Die Alten, so scheint es, sollen die Gesellschaft möglichst mit ihrem Leid in Ruhe lassen. Das Thema wird gescheut. Alt ist out. Im plötzlich überschäumenden politischen Aktivismus unter den Augen der Medien könnte man eine Kompensation für das eigene schlechte Gewissen diesen Menschen gegenüber sehen. Seht her – wir tun jetzt wirklich *alles* für sie!

Mein eigener Vater wurde 89 Jahre und ich bin sehr froh darüber, bis zuletzt viel Zeit mit ihm verbracht haben zu können. Doch das Leben ist nun einmal endlich – und dieses Ende sollte vor allem friedlich, in Würde und umgeben von der Familie möglich sein. Wie human ist es, einen 85-jährigen mit schwersten Vorerkrankungen bei einer zusätzlich auftretenden Lungenentzündung künstlich beatmen zu lassen und von seinen Angehörigen zu trennen, um das zu Ende gehende Leben für einige (einsame) Wochen zu verlängern? Und wie oft geschieht so etwas nur deshalb, weil keine Patientenverfügung vorliegt und daher niemand die Verantwortung für den unvermeidlichen Tod übernehmen will?

Der Tod tut weh – und die moderne Gesellschaft, verblendet zwischen den Polen Angst, Machbarkeitswahn und Technikgläubigkeit, hält diesen Schmerz nicht mehr aus. Das Sterben soll überlistet oder »wegtherapiert« werden, jedenfalls irgendwie verschwinden.

Das ist ein Aspekt der Krise, vielleicht der wesentliche. Ein anderer ist der Graben, der sich innerhalb der Gesellschaft aufgetan hat, nicht nur in Deutschland, sondern überall in der Welt. Zwischen Maskenträgern und »Corona-Kritikern« (eine seltsame mediale Wortschöpfung, die eigentlich »Regierungskritiker« meint) scheint keine Verständigung mehr möglich zu sein. Die einen sorgen sich um die nächste Infektionswelle, die anderen um ihre Freiheit und ihre Grundrechte. Man findet nicht zusammen. Der ZDF-Korrespondent Ulf Röller berichtete dazu im April 2020 bei Markus Lanz Erhellendes aus China. Auf die Frage von Lanz, was die »Rückkehr zur Normalität« dort bedeute, schilderte er:

»Was mir am meisten Angst gemacht hat, und das ist vielleicht auch ein Thema, was die deutschen Zuschauer sehr interessiert, ist, mit welcher Lichtgeschwindigkeit der Überwachungsstaat sichtbar geworden ist. Für jede Bewegung, die man machen will, muss man eine App herunterladen. (…) Man nutzt die Gesundheitsangst der Leute, um diese massive Überwachung stattfinden zu lassen. (…) Die meisten Chinesen, mit denen wir gesprochen haben, finden das super. Die Angst, die sie vor einer neuen Infektionswelle haben, ist so groß, die wird auch staatlich gelenkt, dass sie da keine Einschränkung ihrer Freiheit sehen, sondern etwas Positives, das sie schützt.«[2]

In Deutschland führte die Regierung im Juni eine »Corona-Warn-App« ein, die drei Wochen später bereits 15 Millionen Mal heruntergeladen worden war.[3] Auf der Suche nach Sicherheit ordnet man sich freiwillig in Systeme ein, deren Missbrauchspotenzial mit der Anzahl der Teilnehmer in schwindelerregende Höhen wächst. Die Debatte um die Einführung eines digitalen Immunitätsnachweises, der den Zugang zu Bereichen des öffentlichen Lebens regelt und die Gesellschaft in zwei Klassen aus »Geimpften« und »Gefährdern« einteilt, hat in Deutschland, Stand Juli 2020, gerade erst begonnen.

Die Angst zerteilt das Land. Die einen vertrauen der Regierung, die anderen warnen vor ihr. Das größte Problem bei Diskussionen über den Graben hinweg scheint der drohende Gesichtsverlust zu sein. Die Argumente der Skeptiker anzuerkennen würde bedeuten, einzugestehen, sich selbst lange Zeit geirrt zu haben, vielleicht sogar manipuliert worden zu sein. In einer Gesellschaft, die keine Fehler toleriert und in der jeder immer alles richtig und am besten perfekt machen will, ist das keine attraktive Option. Der Irrtum ist inakzeptabel geworden. Vielen Journalisten und Führungskräften gilt es als geradezu unprofessionell, sich geirrt zu haben. Man weiß Bescheid, kennt sich aus, lässt sich nichts vormachen.

Doch ganz unabhängig von Corona sind es genau diese makellosen, für den eigenen Opportunismus blind gewordenen »Durchblicker« in der Politik, der Wirtschaft und den Medien, die die Welt Schritt für Schritt ins Chaos führen. Die Gesellschaft aber, wir alle, brauchen den Zweifel, das Innehalten, die Umkehr zurzeit wohl so dringend wie kaum etwas anderes.

Anmerkungen

Zu diesem Buch

1 Lawrence K. Altman: »Is This a Pandemic? Define ›Pandemic‹«, *New York Times*, 8. Juni 2009 – Auszug: »A number of doctors ask why health agencies do not declare seasonal influenza a pandemic when it spreads around the world. But Dr. Osterholm, [Dr. Michael T. Osterholm, director of the Center for Infectious Disease Research and Policy at the University of Minnesota], said that ›you can't use the terminology for just worldwide transmission, because if you did that, you would say every seasonal flu year is a pandemic‹.«

2 Elizabeth Cohen: »When a pandemic isn't a pandemic«, CNN, 4. Mai 2009 – Auszug: »Until Monday morning, the WHO had a definition on its Web site saying that a pandemic flu causes ›enormous numbers of deaths and illness.‹ After a CNN reporter pointed this out, WHO spokeswoman Natalie Boudou called back to say the definition was in error and had been pulled from the WHO Web site.«

3 Peter Doshi: »The elusive definition of pandemic influenza«, *Bulletin of the World Health Organisation*, Volume 89, Nr. 7, S. 532–538, 1. Juli 2011 – Auszug: »Since 2003, the top of the WHO Pandemic Preparedness homepage has contained the following statement: ›An influenza pandemic occurs when a new influenza virus appears against which the human population has no immunity, resulting in several simultaneous epidemics worldwide with enormous numbers of deaths and illness.‹ However, on 4 May 2009, scarcely one month before the H1N1 pandemic was declared, the web page was altered in response to a query from a CNN reporter. The phrase ›enormous numbers of deaths and illness‹ had been removed and the revised web page simply read as follows: ›An influenza pandemic may occur when a new influenza virus appears against which the human population has no immunity.‹ Months later, the Council of Europe would cite this alteration as evidence that WHO changed its definition of pandemic influenza to enable it to declare a pandemic without having to demonstrate the intensity of the disease caused by the H1N1 virus. (…) The startling and inevitable conclusion is that despite ten years of issuing guidelines for pandemic preparedness, WHO has never formulated a formal definition of pandemic influenza. (…) Statements from WHO such as ›Is this a real pandemic. Here the answer is very clear: yes‹ suggest that pandemics are something inherently natural and obvious, out there in the world and not the subject of human deliberation, debate and changing classificatory schemes. But what would and would not be declared a pandemic depends on a host of arbitrary factors such as who is doing the declaring and the criteria applied to make such a declaration.«

Prolog: Falsche Leitsterne

1 Elon Musk: »The case for Mars«, 9. Juli 2013, youtube.com/watch? v=Ndpxuf-uJHE

2 Mark Harris: »SpaceX plans to put more than 40,000 satellites in space«, *New Scientist*, 17. Oktober 2019

3 Brian Berger: »SpaceX Confirms Google Investment«, *Space News*, 20. Januar 2015

4 Shannon Hall: »As SpaceX Launches 60 Starlink Satellites, Scientists See Threat to ›Astronomy Itself‹«, *New York Times*, 11. November 2019

5 Christoph Seidler: »SpaceX startet geheimnisvollen Spionagesatelliten«, *Spiegel*, 1. Mai 2017

6 Norbert Häring: »Die totalitäre Horrorvision des Weltwirtschaftsforums wird wahr gemacht«, *norberthaering.de*, 8. April 2020

7 Nikolai Berdjajew: »Das Reich des Geistes und das Reich des Caesar«, Holle Verlag, 1952, S. 56f.

8 Hauke Ritz: »Technologie der unfreien Welt – Teil 1: Der Quellcode«, *Multipolar*, 6. Juli 2020

9 ARD Tagesthemen: »Bill Gates über Corona-Impfstoff«, Interview geführt von Ingo Zamperoni, 12. April 2020

10 Peter C. Gøtzsche: »Tödliche Medizin und organisierte Kriminalität: Wie die Pharmaindustrie das Gesundheitswesen korrumpiert«, Riva, 2019

11 Michael Hanfeld: »Aus der Nähe sehen sie ganz friedlich aus«, *FAZ*, 19. September 2014

12 Christoph Keese, einer der leitenden Manager des Axel-Springer-Konzerns, verbrachte 2013 im Auftrag des Medienunternehmens ein halbes Jahr zu Recherchezwecken im Silicon Valley unter den dortigen Managern und berichtet, dass sich transhumanistische Zukunftsszenarien dort »in weiten Kreisen zu einer Art unternehmerischem Leitbild entwickelt« haben. – Christoph Keese: »Silicon Valley. Was aus dem mächtigsten Tal der Welt auf uns zukommt«, Knaus, 2014, S. 271

13 Werner Pluta: »Elon Musk will Mensch und KI vereinen«, *Golem*, 17. Juli 2019

14 Philipp von Becker: »Der neue Glaube an die Unsterblichkeit. Transhumanismus, Biotechnik und digitaler Kapitalismus«, Passagen Verlag, 2015, S. 14

15 Thomas Bauer: »Die Vereindeutigung der Welt. Über den Verlust an Mehrdeutigkeit und Vielfalt«, Reclam, 2018, S. 27ff.

16 Michael Butter: »Nichts ist, wie es scheint. Über Verschwörungstheorien«, Suhrkamp, 2018, S. 37f.

17 Michael Meyen: »Kniefall vor der Wissenschaft«, *Medienrealität*, 26. März 2020

18 Avaaz: »Ärzte schlagen Alarm wegen Infodemie auf Social Media«, 7. Mai 2020; siehe auch: Gustav Theile: »Virologen beschweren sich über Facebook, Twitter und Google«, *FAZ*, 7. Mai 2020

19 Charles Eisenstein: »The Coronation«, *charleseisenstein.org*, 27. März 2020

20 Hauke Ritz: »Technologie der unfreien Welt – Teil 1: Der Quellcode«, *Multipolar*, 6. Juli 2020

1 Wahn und Wirklichkeit: Zum Umgang mit Verschwörungstheorien

1 Ulrich Teusch: »Katastrophengesellschaft in Bestform – vorläufige Überlegungen«, *Multipolar*, 7. April 2020

2 Andreas Wehr: »Der Schlaf der Vernunft gebiert Ungeheuer«, *andreaswehr.eu*, 22. Mai 2020

3 »»Betrug und Verschwörung‹ im Abgasskandal: US-Justiz klagt früheren VW-Chef Winterkorn an«, *Tagesspiegel*, 4. Mai 2018

4 Ulrich Teusch: »Verschwörung gegen Corbyn«, *Multipolar*, 29. Juni 2020

5 Horst Clages: »Kriminalistische Hypothesenbildung«, in »Der Rote Faden: Grundsätze der Kriminalpraxis«, Kriminalistik Verlag, 2016, S. 197ff – Auszug: »Die kriminalistische Hypothesenbildung ist (…) ein Prozess, der das gesamte polizeiliche Einsatz- und Ermittlungsgeschehen betrifft.« (S. 198) »Die Bildung kriminalistischer Hypothesen ist unerlässliche Grundlage für die anschließende Untersuchungsplanung sowie für den Fortgang der Ermittlungshandlung zur Aufklärung und Beweisführung von Tat und Täterschaft, soweit ungeklärte Sachverhalte und offene Fragen vorliegen.« (S. 205)

6 Wissenschaftliche Dienste des Deutschen Bundestages: »›Verschwörung‹ im US-amerikanischen Strafrecht und § 30 Abs. 2, 3. Alt. StGB im Vergleich«, Ausarbeitung WD 7 – 187/07, 28. September 2007

7 Carsten Forberger: »Wenn Fakten zu Verschwörungstheorien werden«, *Multipolar*, 27. Mai 2020

8 Aus diesem Grund eignet sich der Begriff auch denkbar schlecht zur Verteidigung wissenschaftlichen Denkens.

9 Jack Bratich: »Conspiracy Panics. Political Rationality and Popular Culture«, State University of New York Press, 2008, S. 3

10 Zum Gladio-Programm der NATO, das im Kalten Krieg militärische Spezialkräfte überall in Westeuropa koordinierte, gehörten Hunderte von Aktiven und Mitwissern. Einige von ihnen waren in inszenierte Terroranschläge verwickelt. Dennoch gelang es, die Verschwörung jahrzehntelang geheim zu halten – von den 1950er-Jahren bis 1990, als Italiens Premierminister Andreotti schließlich seine Existenz enthüllte. Die *New York Times* zitierte den damaligen Staatspräsidenten Franscesco Cossiga mit den Worten: »Ich bin stolz darauf, dass wir das Geheimnis für 45 Jahre bewahrt haben.« – Clyde Haberman: »Evolution in Europe; Italy Discloses Its Web Of Cold War Guerrillas«, *New York Times*, 16. November 1990

11 Jack Shafer: »Miller Time (Again) – The New York Times owes readers an explanation for Judith Miller's faulty WMD reporting«, *Slate*, 12. Februar 2004 – Auszug, Zitat Miller: »My job was not to collect information and analyze it independently as an intelligence agency; my job was to tell readers of the *New York Times* as best as I could figure out, what people inside the governments who had very high security clearances, who were not supposed to talk to me, were saying to one another about what they thought Iraq had and did not have in the area of weapons of mass destruction.«

12 Thomas Kruchem: »Internationale Schiedsgerichte – Gefahr für Menschenrechte und Umwelt?«, *SWR 2*, 2. Juni 2020; Norbert Häring: »Schiedsverfahren für Investoren: Ein führender Schiedsrichter plaudert aus dem Nähkästchen«, *norberthaering.de*, 25. Juli 2018 – Auszug: »Es sieht vordergründig so aus wie ein Rechtssystem, aber es sieht nur so aus. Es gibt keine harten, verlässlichen Regeln. Eingaben, Anträge, mündliche Vorträge, Beweisaufnahme und Verfahren haben kaum etwas mit dem gemein, was man in einem normalen Gerichtsverfahren sieht. (…) Spekulation und schlampige Zeitungartikel gehen als Evidenz durch. Falschdarstellungen der Fakten und grobe Falschzitation von Autoritäten sind Legion. Wenn sie entdeckt werden, gibt es normalerweise keine Strafe.«

2 »Biosecurity« und die Politik der Angst

1 Rebecca Beerheide: »Hans-Ulrich Holtherm: Neu im Bundesgesundheitsministerium«, *Deutsches Ärzteblatt*, Ausgabe 11/2020, 13. März 2020;

Jens Spahn sagte am 27. Februar 2020 in der Bundespressekonferenz: »Wir haben bereits vor zwei, drei Monaten entschieden, dass es eine neue Abteilung geben wird im Bundesministerium für Gesundheit, eine Abteilung für Gesundheitssicherheit, weil wir eben sowieso merken konnten in den letzten Jahren, dass dieses Thema – wie bereiten wir uns vor auf Lagen wie diese und wie sind wir auch europäisch und international vernetzt – eine immer größere Bedeutung (…) bekommen hat.« – twitter. com/phoenix_de/status/1233020676476473344

2 »NATO Disease Surveillance Seminar«, *Wehrmedizin und Wehrpharmazie*, Ausgabe 2011/3, 5. Dezember 2011

3 Uwe Henning: »Als Generalarzt ins Gesundheitsministerium«, *bundeswehr.de*, 26. März 2020

4 Lisa Keränen: »Biosecurity and Communication«, in: Bryan C. Taylor/Hamilton Bean (Hrsg.), Handbook of Security and Communication, Routledge, 2019, S. 223–246 – Auszug: »While medicine, war, and security have always been connected and configured in relation to one another, the recent re-drawing of boundaries between domains of medicine and national security subsumes public health under the security state. (…) The institutionalization of biodefense may encourage an exaggerated, open-ended climate of crisis in which ethical deliberations are hurried, obscure, or absent altogether. Such a climate would perpetuate social choices that focus on highly-visible and visceral threats whose actual contribution to the burden of disease is negligible.« (Die letzten beiden Sätze zitiert Keränen von: Nicholas B. King: »Security, disease, commerce: Ideologies of post-colonial global health«, *Social Studies of Science*, 1. Dezember 2002

5 So Prof. Matthew Meselson im Jahr 1967, zitiert nach: Seymour Hersh: »Reporter. A Memoir«, Allen Lane, 2018, S. 68

6 United Nations Office for Disarmament Affairs: »The Biological Weapons Covention. An Introduction«, 2017, unog.ch/bwc

7 Elinor Langer: »CBW: Weapons and Policies«, *Science*, Vol. 155, S. 299–303, 20. Januar 1967; Seymour Hersh: »Chemical and biological warfare. America's hidden arsenal«, Bobbs-Merrill, 1968

8 Linda Hunt: »US Coverup of Nazi Scientists«, *Bulletin of the Atomic Scientists*, Volume 41, April 1985, Issue 4, S. 16–24; Annie Jacobsen: »Operation Paperclip: The Secret Intelligence Program that Brought Nazi Scientists to America«, Back Bay Books, 2014

9 Brandi Altheide: »Biohazard: Unit 731 and the American Cover-Up«, University of Michigan-Flint, März 2013, umflint.edu/sites/default/files/ groups/Research_and_Sponsored_Programs/MOM/b.altheide.pdf; Eamonn Fingleton: »Imperial Japan's Abominable Dr. Death, And The Most Disgraceful War Crime ›Amnesia‹ In History«, *Forbes*, 9. März 2014

10 Seymour Hersh: »The secret arsenal«, *New York Times Magazine*, 25. August 1968

11 »Secrecy Over Cold War WMD Tests«, *CBS News*, 1. Juli 2003

12 Seymour Hersh: »Reporter. A Memoir«, Allen Lane, 2018, S. 96

13 Ebd.; Tom Shanker: »Investigations Of Chemicals Will Continue«, *New York Times*, 12. Juli 2003

14 Seymour Hersh: »The secret arsenal«, *New York Times Magazine*, 25. August 1968

15 Seymour Hersh: »Reporter. A Memoir«, Allen Lane, 2018, S. 98

16 »Army Report Details Germ War Exercise In N.Y. Subway in '66«, *Washington Post*, 22. April 1980

17 National Research Council: »Toxicologic Assessment of the Army's Zinc Cadmium Sulfide Dispersion Tests«, Appendix A: Historical Background of the U.S. Biologic-Warfare Program, National Academies Press, 1997;

Victor Ferreira: »U.S. secretly tested carcinogen in Western Canada during the Cold War, researcher finds«, *National Post*, 6. Oktober 2017

18 Eric Salter: »Cold War radiation testing in US widespread, author claims«, *AP*, 2. Oktober 2017

19 Ebd.

20 Lisa Martino-Taylor: »Behind the Fog. How The US Cold War Radiological Weapons Program Exposed Innocent Americans«, Routledge, 2017

21 Lisa Martino-Taylor: »The Manhattan-Rochester Coalition, Research on the Health Effects of Radioactive Materials and Tests on Vulnerable Populations without Consent in St. Louis.«, University of Missouri-Columbia, 2012

22 Zitiert nach Eric Salter: »Cold War radiation testing in US widespread, author claims«, *AP*, 2. Oktober 2017

23 Florian Rötzer: »USA lehnen Zusatzprotokoll zur Biowaffenkonvention ab«, *Telepolis*, 23. Juli 2001

24 Bundeszentrale für politische Bildung/Bonn International Center for Conversion: »Verbot ohne Überprüfung – die Biowaffenkonvention (BWK) und ihre Lücken«, November 2013

25 Dwight D. Eisenhower: »Farewell Radio and Television Address to the American People«, 17. Januar 1961, Auszug: »In den Institutionen der Regierung müssen wir uns gegen den unberechtigten Einfluss des militärisch-industriellen Komplexes schützen. Das Potenzial für einen verheerenden Zuwachs fehlgeleiteter Macht existiert und wird bestehen bleiben. Wir dürfen es nie zulassen, dass das Gewicht dieser Verbindung unsere Freiheiten oder unsere demokratischen Prozesse gefährdet.«

26 Michael Hennes: »Der neue Militärisch-Industrielle Komplex in den USA«, Bundeszentrale für politische Bildung, *Aus Politik und Zeitgeschichte*, Ausgabe 46/2003, S. 41–46, 5. November 2003

27 Fred Kaplan: »Powell: The U.S. Is ›Running Out Of Demons‹«, *Boston Globe*, 9. April 1991

28 »A National Security Strategy of Engagement and Enlargement«, The White House, Juli 1994

29 U.S. Senate: »Omnibus Counterterrorism Act of 1995«, 10. Februar 1995

30 Neil A. Lewis: »Anti-Terrorism Bill: Blast Turns a Snail Into a Race Horse«, *New York Times*, 21. April 1995

31 Jo Thomas: »McVeigh Letters Before Blast Show the Depth of His Anger«, *New York Times*, 1. Juli 1998; Wendy S. Painting: »Aberration in the Heartland of the Real: The Secret Lives of Timothy McVeigh«, Trine Day, 2016 – Die Autorin Wendy S. Painting berichtet in diesem Buch, dass McVeigh wenige Tage nach dem Anschlag seinen ursprünglich zugewiesenen Anwälten John Coyle und Susan Otto schilderte (was der Öffentlichkeit damals nicht bekannt wurde, sondern sich erst später in den Akten fand), dass er beim Militär von einem Major, den er aus seinem Einsatz im Golfkrieg kannte, für eine Undercover-Tätigkeit angeworben worden sei. Er habe Neonazis und andere terroristische Gruppen unterwandern sollen. Im Zuge dieser Spitzeltätigkeit habe er von Plänen für den Bombenanschlag erfahren und sei von seinem Führungsoffizier angewiesen worden, an der Verschwörung mitzuwirken und dabei sicherzustellen, dass nur ein paar Scheiben im Gebäude zu Bruch gehen würden. McVeigh erklärte den Anwälten seinen Schock, nachdem er das Ausmaß des Anschlags gesehen habe, und vermutete, jemand habe in letzter Minute ohne sein Wissen entweder den Truck oder den Sprengstoff darin ausgetauscht. Später änderte McVeigh diese Geschichte mehrfach. Zuletzt erzählte er sie kurz vor seiner Hinrichtung im Jahr 2001 noch einmal seinem Mitgefangenen David Paul Hammer, der in einem Buch davon berichtete. McVeigh, so Hammer, habe in den letzten Tagen seines

Lebens geglaubt, sein damaliger Führungsoffizier würde ihn in letzter Sekunde noch vor der Hinrichtung retten, indem er die Tötung (per Giftspritze) nur vortäuschen lassen würde, woraufhin er ein neues Leben beginnen könne.

32 Presidential Decision Directive/NSC-39, The White House, 21. Juni 1995

33 Joseph Nye, James Woolsey: »Defend Against the Shadow Enemy«, *Los Angeles Times*, 1. Juni 1997

34 Judith Miller, William J. Broad, Stephen Engelberg: »Germs: Biological Weapons and America's Secret War«, Simon & Schuster, 2001, S. 216

35 Michael Crowley: »Long Shot«, *The New Republic*, 5. November 2001

36 Eric Lipton: »Doubts Persist Among Anthrax Suspect's Colleagues«, *New York Times*, 8. August 2008 – Auszug: »The vaccine controversy erupted in the late 1990s, after the Defense Department ordered the inoculation of all 2.4 million active duty and reserve troops, starting with those most likely to confront biological attacks in war zones, partly because Iraq had confirmed that it once had a large stockpile of anthrax that was destroyed after the first Persian Gulf war. By 2000, more than 570,000 military personnel had complied with the order, and hundreds had filed an ›adverse event report‹ after receiving the shots, citing reactions that included fatigue, dizziness and muscle pain, and more serious conditions like thyroid disorders and rhabdomyolysis, a muscle ailment. Congressional hearings were held, and dozens of House members signed a letter to the Pentagon calling the mandatory vaccination program ›a flawed policy that should be immediately stopped.‹«

37 Maureen Dowd: »Liberties; Anthrax, Shmanthrax«, *New York Times*, 19. November 1997

38 Judith Miller, Stephen Engelberg, William J. Broad: »U.S. Germ Warfare Research Pushes Treaty Limits«, *New York Times*, 4. September 2001

39 Judith Miller, William J. Broad, Stephen Engelberg: »Germs: Biological Weapons and America's Secret War«, Simon & Schuster, 2001, S. 383f.

40 U.S. Department of Defense: News Briefing, Victoria Clarke, 4. September 2001

41 Judith Miller, William J. Broad: »Exercise Finds U.S. Unable to Handle Germ War Threat«, *New York Times*, 26. April 1998

42 Ebd.

43 Madeline Baro: »FBI: 3 Plotted To Kill Clinton«, *AP*, 16. Juli 1998

44 Presidential Decision Directive 62 und 63, The White House, 22. Mai 1998

45 Project for the New American Century: »Statement of Principles«, 3. Juni 1997

46 Project for the New American Century: »Letter to President Clinton on Iraq«, 26. Januar 1998

47 »Scott Ritter on the Untold Story of the Intelligence Conspiracy to Undermine the UN and Overthrow Saddam Hussein«, *Democracy Now*, 21. Oktober 2005

48 Josh Rogin: »Giselle Donnelly can finally be herself«, *Washington Post*, 12. Oktober 2018

49 Project for the New American Century: »Rebuilding America´s Defenses«, S. 51

50 Ebd., S. 60

51 Lt. Col. Robert P. Kadlec: »Twenty-First Century Germ Warfare«, in: Barry R. Schneider, Lawrence E. Grinter: »Battlefield of the Future – 21st Century Warfare Issues«, Studies in National Security No. 3, Air War College, September 1995, Revised Edition September 1998, S. 228, 248 – Ich danke dem Kollegen Dirk Pohlmann für den Hinweis auf dieses Dokument.

52 Charles Davis: »Robert Kadlec, the Trump administration's top official for addressing biological threats, awarded a $2 billion contract to a company he used to advise«, *Business Insider*, 5. Mai 2020

53 Raul Diego, Whitney Webb: »Head of the Hydra: The Rise of Robert Kadlec«, *Mintpress*, 15. Mai 2020

3 Dark Winter: Der Ausnahmezustand wird geprobt (1998–2001)

1 Gigi Kwik Gronvall: »Preparing for Bioterrorism: The Sloan Foundation's Leadership in Biosecurity«, Center for Biosecurity of UPMC, 2012

2 Edwin Black: »Nazis rode to war on GM wheels«, *San Francisco Chronicle*, 7. Januar 2007

3 Matthias Holland-Letz: »Scheinheilige Stifter: Wie Reiche und Unternehmen durch gemeinnützige Stiftungen noch mächtiger werden«, Backstein Verlag, 2015

4 U.S. Senate: Nominations – Hearings before the Committee on Armed Services, 83th Congress, 1st Session on Nominee Designates, 15. Januar 1953

5 National Symposium on Medical and Public Health – Response to Bioterrorism: The Foundation for Coordinating a Strategic Response, 16.–17. Februar 1999, Arlington, Virginia

6 Richard A. Clarke: »Finding the Right Balance against Bioterrorism«, *Emerging Infectious Diseases*, Volume 5, Number 4, August 1999, S. 497

7 Colonel Gerald W. Parker: »Potential Biological Weapons Threats«, *Emerging Infectious Diseases*, Volume 5, Number 4, August 1999, S. 523–527

8 Judith Miller, Stephen Engelberg, William J. Broad: »U.S. Germ Warfare Research Pushes Treaty Limits«, *New York Times*, 4. September 2001

9 Tara O'Toole: »Smallpox: An Attack Scenario«, *Emerging Infectious Diseases*, Volume 5, Number 4, August 1999, S. 540–546

10 Jason Bardi: »Aftermath of a Hypothetical Smallpox Disaster«, *Emerging Infectious Diseases*, Volume 5, Number 4, August 1999, S. 547–551

11 Tara O'Toole: »Smallpox: An Attack Scenario«, *Emerging Infectious Diseases*, Volume 5, Number 4, August 1999, S. 546

12 2nd National Symposium on Medical and Public Health Response to Bioterrorism, 28.–29. November 2000, Washington

13 D. A. Henderson: »Welcome and Symposium Introduction«, *Public Health Reports*, 2001 Supplement 2, Volume 116, S 1

14 Tara O'Toole, Thomas Inglesby: »Epidemic Response Scenario: Decision Making in a Time of Plague«, *Public Health Reports*, 2001 Supplement 2, Volume 116, S. 92–103

15 Ebd., S. 100

16 Ebd.

17 Ebd.

18 Ebd., S. 101

19 Konrad Lischka: »In öffentlicher Mission«, *Spiegel*, 23. Oktober 2000; Bernd Kling: »In-Q-Tel: Interessenkonflikte bei CIA-Investitionen im Silicon Valley«, *ZDNet*, 1. September 2016

20 Tara O'Toole, Mair Michael, Thomas V. Inglesby: »Shining Light on ›Dark Winter‹«, *Clinical Infectious Diseases*, Volume 34, Issue 7, 1. April 2002, S. 972–983

21 Dark Winter, Bioterrorism Exercise, Andrews Air Force Base, 22.–23. Juni 2001, Final Script, S. 34, centerforhealthsecurity.org/our-work/events-archive/2001_dark-winter/Dark Winter Script.pdf

22 Tara O'Toole, Mair Michael, Thomas V. Inglesby: »Shining Light on »Dark Winter««, *Clinical Infectious Diseases*, Volume 34, Issue 7, 1. April 2002, S. 972–983

23 Dark Winter, Bioterrorism Exercise, Andrews Air Force Base, 22.–23. Juni 2001, Final Script, S. 40

24 Tara O'Toole, Mair Michael, Thomas V. Inglesby: »Shining Light on ›Dark Winter‹«, *Clinical Infectious Diseases*, Volume 34, Issue 7, 1. April 2002, S. 972–983

25 Dark Winter, Bioterrorism Exercise, Andrews Air Force Base, 22.–23. Juni 2001, Final Script, S. 39

26 Dana Priest: »CIA Holds Terror Suspects in Secret Prisons«, *Washington Post*, 1. November 2005; »Nur die Spitze des Eisbergs«, Amnesty International, 9. Januar 2009

27 Florian Rötzer: »Bundesgericht weist Teile des Patriot Act als verfassungswidrig zurück«, Telepolis, 27. September 2007

28 John Lancaster: »Anti Terrorism Bill Hits Snag on the Hill: Dispute Between Senate Democrats, White House Threatens Committee Approval«, *Washington Post*, 3. Oktober 2001; John Lancaster: »Senate Reaches Deal On Anti-Terror Bill«, *Washington Post*, 4. Oktober 2001

29 Anthony York: »Why Daschle and Leahy?«, *Salon.com*, 21. November 2001 – Auszug: »It's the question no one in Washington or the media wants to publicly examine: Why were two high-profile Democrats targeted by the anthrax mail terrorist? (…) Leahy is also an unabashed liberal, who led the charge against President Bush's most conservative Cabinet nominees, including Solicitor General Theodore Olson and Attorney General John Ashcroft. The senator from Vermont has also been one of the president's most outspoken critics since Sept. 11, as the administration has moved aggressively to curtail civil liberties in its war on terrorism.«

30 »Bush asks Daschle to limit Sept. 11 probes«, CNN, 29. Januar 2002 – Auszug: »The vice president expressed the concern that a review of what happened on September 11 would take resources and personnel away from the effort in the war on terrorism‹, Daschle told reporters.«

31 Scott Shane: »Colleague Disputes Case Against Anthrax Suspect«, *New York Times*, 22. April 2010; Glenn Greenwald: »Serious doubt cast on FBI's anthrax case against Bruce Ivins«, *Salon.com*, 16. Februar 2011

32 Graeme MacQueen: »The 2001 Anthrax Deception. The Case for a Domestic Conspiracy«, Clarity Press, 2014

33 Eric Lipton: »Doubts Persist Among Anthrax Suspect's Colleagues«, *New York Times*, 8. August 2008

34 Ebd.

35 Carsten Volkery: »Der Impfstoffskandal«, *Spiegel*, 17. Oktober 2001

36 BioPort: »BioPort Corporation gains FDA approval«, 31. Januar 2002 – Auszug: »Robert Kramer, President of BioPort Corporation, today announced the company has cleared its final Food and Drug Administration hurdle – allowing the distribution of anthrax vaccine from its renovated facility. BioPort had received tentative approval from the FDA in December of 2001.«

4 Atlantic Storm: Epidemien als Türöffner (2001–2018)

1 »Acambis and Baxter land $428 million smallpox vaccine deal with US govt«, *The Pharma Letter*, 30. November 2001

2 Naomi Aoki: »Transformation of Acambis«, *Boston Globe*, 16. April 2003

3 One Health Commission, Biography Thomas P. Monath, Februar 2015, onehealthcommission.org/documents/filelibrary/events_and_calendar/oh_day/coord_team_bios/Tom_Monath_Biography_January2014_20_D823B769A51B4.pdf

4 Michael Hilbig: »Gefährliches Ministerium«, *Focus*, Nr. 9/2003, 24. Februar 2003

5 Gerhard Piper: »ABC-Abwehr: Präventiveinsätze der Bundeswehr im Innern?«, *antimilitarismus information*, ami Nr. 5/6–2003

6 Philip Bethge, Georg Mascolo: »Masterplan gegen Killerviren«, *Spiegel*, Nr. 3/2003, 13. Januar 2003

7 Esther Kogelboom: »Gemeinsam gegen Pocken«, *Tagesspiegel*, 8. November 2003

8 »Move to share bio-terrorism fight«, *BBC News*, 8. November 2001

9 Website der Global Health Security Initiative, ghsi.ca/about/ – Auszug: »Following the terrorist attacks on September 11, 2001, former United States Secretary of Health and Human Services Tommy Thompson suggested that countries fighting bioterrorism should meet to share information and coordinate their efforts to improve global health security.«

10 »Health Ministers Take Action to Improve Health Security Globally«, Global Health Security Initiative, Ministerial Statement, 7. November 2001, Ottawa, Canada

11 Ebd.

12 »Health Ministers Launch Initiatives to Improve Health Security Globally«, Global Health Security Initiative, Ministerial Statement, 6. Dezember 2002, Mexico City

13 Exercise Global Mercury, Post Exercise Report, 12. Januar 2005, S. 13, rki.de/EN/Content/infections/biological/Preparedness_Plan/Exercise.pdf?blob=publicationFile

14 Ebd., S. 10

15 Ebd., S. 18

16 Website Atlantic Storm, centerforhealthsecurity.org/our-work/events-archive/2005_atlantic_storm/

17 Website Atlantic Storm, About Atlantic Storm, Trial Run Participants, archive.org/web/20050404061516/http://www.atlantic-storm.org/about/participants.html

18 Bradley T. Smith et al.: »Navigating the Storm: Report and Recommendations from the Atlantic Storm Exercise«, *Biosecurity and Bioterrorism*, Volume 3, Number 3, 2005, S. 261

19 Kathrin Gießelmann: »Walter Biederbick: Gesundheit im internationalen Kontext stärken«, *Deutsches Ärzteblatt*, Heft 7/2019, 15. Februar 2019; web.archive.org/web/20050924034056/http://www.atlantic-storm.org/about/observers.html

20 Website Atlantic Storm, About the Transatlantic Biosecurity Network, centerforhealthsecurity.org/our-work/events-archive/2005_atlantic_storm/transatlantic-network.html

21 Robert Koch-Institut: »RKI 2010 – eine Zwischenbilanz. Der Ausbau des Robert Koch-Instituts zu einem Public Health Institut für Deutschland«, 2009, S. 18; dieser Publikation von 2009 war auch zu entnehmen, dass »die Pressesprecher der zuständigen Bundes- und Ländereinrichtungen mit eingebunden [sind] in das Pandemie-Kommunikationskonzept«. Weiter hieß es dort prophetisch: »Auch die öffentlichen Medien würden bei einer Grippe-Pandemie vermutlich eng mit den staatlichen Stellen kooperieren, glaubt Biederbick.«

22 Bradley T. Smith et al.: »Navigating the Storm: Report and Recommendations from the Atlantic Storm Exercise«, *Biosecurity and Bioterrorism*, Volume 3, Number 3, 2005, S. 256–267, centerforhealthsecurity.org/our-work/events-archive/2005_atlantic_storm/pdf/Atlantic Storm After-Action.pdf; Website Atlantic Storm, About Atlantic Storm, Overview of Exercise, web.archive.org/web/20050404063955/http://www.atlantic-storm.org/about/overview.html

23 Thomas Kleine-Brockhoff: »Wenn die Pocken kommen«, *ZEIT*, 27. Januar 2005

24 Bradley T. Smith et al.: »Navigating the Storm: Report and Recommendations from the Atlantic Storm Exercise«, *Biosecurity and Bioterrorism*, Volume 3, Number 3, 2005, S. 258

25 Atlantic Storm, Guide for Viewers and Facilitators, 2006, S. 6, centerforhealthsecurity.org/our-work/events-archive/2005_atlantic_storm/pdf/as_Interactive_guide.pdf

26 Bradley T. Smith et al.: »Navigating the Storm: Report and Recommendations from the Atlantic Storm Exercise«, *Biosecurity and Bioterrorism*, Volume 3, Number 3, 2005, S. 263

27 WHO: »Cumulative number of confirmed human cases for avian influenza A(H5N1) reported to WHO, 2003–2009«, 25. November 2019

28 Die Zitate in diesem Absatz stammen aus: »President Outlines Pandemic Influenza Preparations and Response«, The White House, 1. November 2005

29 Nelson D. Schwartz: »Rumsfeld's growing stake in Tamiflu«, CNN, 31. Oktober 2005

30 »Laut Weltgesundheitsorganisation erreicht Vogelgrippe beispielloses Ausmaß«, Europäische Kommission, 27. Januar 2004

31 Klaus Remme: »WHO-Sprecher warnt vor Übergreifen der Vogelgrippe auf Deutschland«, *Deutschlandfunk*, 14. Oktober 2005

32 WHO, Department of Communicable Disease, Surveillance and Response, »WHO Guidelines on the Use of Vaccines and Antivirals during Influenza Pandemics«, 2004

33 Rüdiger Meyer: »Tamiflu: Eine unendliche Geschichte um Datentransparenz«, *Deutsches Ärzteblatt*, Heft 4/2013, 25. Januar 2013

34 Deutscher Bundestag, Plenarprotokoll 16/10, 18. Januar 2006, dip21.bundestag.de/dip21/btp/16/16010.pdf

35 Nicola Kuhrt: »Deutschland zahlte 330 Millionen Euro für fragwürdige Grippemittel«, *Spiegel*, 14. Februar 2015

36 Jim McElhatton: »Obama nominee omitted ties to biotech«, *Washington Times*, 8. September 2009

37 Ebd.

38 Johns Hopkins Center for Health Security, Professional Profile Anita Cicero, centerforhealthsecurity.org/our-people/cicero/

39 Center for Biosecurity, Professional Profile Anita Cicero, Chief Operating Officer and Deputy Director, upmc-biosecurity.org/website/our_staff/cicero.html

40 »Scenarios for the Future of Technology and International Development«, Rockefeller Foundation, Mai 2010, S. 18ff, web.archive.org/web/20100070154450/http://www.rockefellerfoundation.org/uploads/files/bba493f7-cc97-4da3-add6-3deb007cc719.pdf

41 Ebd., S. 19

42 Ebd., S. 6

43 Norbert Häring: »Gleichschritt – Das unheimlich weitsichtige Pandemie-Szenario der Rockefeller Stiftung«, *norberthaering.de*, 12. Mai 2020

44 Michaela Wiegel: »Der unergründliche Monsieur Macron«, *FAZ.net*, 6. Mai 2017

45 Jacques Attali: »Changer, par précaution«, *L'Express*, 3. Mai 2009, blogs.lexpress.fr/attali/2009/05/03/changer_par_precaution/

46 »Improving Epidemic Response: Building Bridges Between the US and China«, Center for Biosecurity, 15. Mai 2012, Washington

47 Website U.S. CDC in China, cdc.gov/globalhealth/countries/china/pdf/china.factsheet_from_china_office_cleared.pdf

48 Ebd.

49 U.S. CDC in China, 2010–2011 Annual Report, S. 25, cdc.gov/globalhealth/countries/china/pdF/us_china-biennial-report_2010-11.pdf

50 Ebd., S. 24

5 Clade X: Eine Biowaffe zur Bevölkerungsreduktion (2018)

1 Katrin Elger, Jens Glüsing, Markus Grill, Veronika Hackenbroch, Jan Puhl, Mathieu von Rohr, Gerald Traufetter: »Rekonstruktion des Schweinegrippe-Debakels – Die Pandemie, die keine war«, *Spiegel*, 11. Juni 2020

2 Alyson Shontell: »Bill Gates warnt vor einer neuen Art Terrorismus: ›Ihr Zerstörungspotential ist sehr groß‹«, *Business Insider*, 20. Januar 2017

3 Clive Cookson, Tim Bradshaw: »Davos launch for coalition to prevent epidemics of emerging viruses«, *Financial Times*, 18. Januar 2017

4 Ebd. – Auszug: »›If we can't get it under a year we'd be disappointed‹, Mr Gates told the FT in an interview at the World Economic Forum in Davos. (…) Targets include six viruses with known potential to cause serious epidemics: Mers, Lassa, Nipah, Ebola, Marburg and Zika. But an equally important part of the programme will be to build the scientific and technological infrastructure for developing vaccines quickly against pathogens that emerge from nowhere to cause a global health crisis, such as Sars in 2002/03 and Zika in 2015/16.«

5 Mathias Müller von Blumencron: »Der Westen in Therapie«, *FAZ*, 18. Februar 2017

6 John McCain: »McCain Opening Remarks at Munich Security Conference«, 17. Februar 2017, youtube.com/watch?v=TNeLmjuMtIU

7 Munich Security Conference 2017: »Speech by Bill Gates at the 53rd Munich Security Conference«, 18. Februar 2017

8 Crystal Watson et al.: »Clade X: A Pandemic Exercise«, *Health Security*, Vol. 17, No. 5, 7. Oktober 2019, S. 412, liebertpub.com/doi/pdf/10.1089/hs.2019.0097

9 Ben Hirschler: »U.S. biotechs to speed work on Nipah vaccine as virus hits India«, *Reuters*, 24. Mai 2018; Jestin Abraham: »Silently, additional chief secretary Rajeev Sadanandan gained the ammo to take on Nipah«, *The New Indian Express*, 10. Juni 2018

10 Center for Health Security, Website »Clade X«, Resources, Background Materials, »Clade X Background: A Brigher Dawn«, centerforhealthsecurity.org/our-work/events/2018_clade_x_exercise/pdfs/Clade-X-A-Brighter-Dawn-Background.pdf

11 Es spielten: *Secretary of State:* John Bellinger, Former Legal Adviser for the US Department of State and the National Security Council; *Secretary of Defense:* James Talent, Former US Senator; *Attorney General*: Jamie Gorelick, Former Deputy Attorney General of the United States, Commissioner on the 9/11 Commission; *Secretary of Health and Human Services:* Margaret (Peggy) Hamburg, Former Commissioner of the FDA, Former Commissioner of the New York City Department of Health and Mental Hygiene; *Secretary of Homeland Security:* Tara O'Toole, Executive Vice President and Senior Fellow, In-Q-Tel, Former Under Secretary for Science and Technology; *CIA Director:* Jeffrey Smith, Former General Counsel of the CIA; *Senate Majority Leader:* Tom Daschle, Former US Senator, Senate Majority Leader; *Speaker of the House of Representatives:* Susan Brooks, Congresswoman, Former US Attorney for the Southern District of Indiana; *CDC Director:* Julie Gerberding, Former CDC Director.

12 Center for Health Security, Website »Clade X«, Resources, Clade X Exercise Presentation Slides, S. 11, centerforhealthsecurity.org/our-work/events/2018_clade_x_exercise/pdfs/Clade-X-exercise-presentation-slides.pdf

13 Ebd., S. 31

14 Crystal Watson et al.: »Clade X: A Pandemic Exercise«, *Health Security*, Vol. 17, No. 5, 7. Oktober 2019, S. 415

15 Ebd., S. 414

16 Vera Zylka Menhorn, Dustin Grunert: »Genbasierte Impfstoffe: Hoffnungsträger auch zum Schutz vor SARS-CoV-2«, *Deutsches Ärzteblatt*, Ausgabe 21/2020, 22. Mai 2020

17 Center for Health Security, Website »Clade X«, Resources, Implications of Clade X for National Policy, S. 1

18 Crystal Watson et al.: »Clade X: A Pandemic Exercise«, *Health Security*, Vol. 17, No. 5, 7. Oktober 2019, S. 417

19 Dustin Moskovitz: »Compelled to Act«, *Medium*, 9. September 2016

20 Website Open Philanthropy, Focus Areas, Biosecurity and Pandemic Preparedness, openphilanthropy.org/focus/global-catastrophic-risks/biosecurity

21 Theodore Schleifer: »Facebook co-founder Dustin Moskovitz commits $20M to help beat Trump«, CNN, 9. September 2016

22 Dustin Moskovitz: »Compelled to Act«, *Medium*, 9. September 2016

23 Ebd.

6 Event 201: Corona-Krise als Planspiel (2019)

1 Website WEF – weforum.org/about/our-members-and-partners

2 Website WEF – weforum.org/about/what-makes-us-unique

3 Website WEF – weforum.org/about/strategic-partners

4 Website Event 201 – centerforhealthsecurity.org/event201/about

5 Website Event 201, The Event 201 scenario – centerforhealthsecurity.org/event201/scenario.html

6 Website Event 201, Players – centerforhealthsecurity.org/event201/players/index.html

7 Kyle O'Brien: »Edelman COO Matthew Harrington elevated to global president«, *The Drum*, 1. Oktober 2019

8 Lee Fang: »Former Obama Officials Help Silicon Valley Pitch the Pentagon for Lucrative Defense Contracts«, *The Intercept*, 22. Juli 2018

9 Michael Fumento: »Why The WHO Faked A Pandemic«, *Forbes*, 5. Februar 2010; Katrin Elger, Jens Glüsing, Markus Grill, Veronika Hackenbroch, Jan Puhl, Mathieu von Rohr, Gerald Traufetter: »Rekonstruktion des Schweinegrippe-Debakels – Die Pandemie, die keine war«, *Spiegel*, 11. Juni 2020

10 Website Event 201, Players, Stephen C. Redd – centerforhealthsecurity.org/event201/players/redd.html

11 Michael D. Shear et al.: »The Lost Month: How a Failure to Test Blinded the U.S. to Covid-19«, *New York Times*, 28. März 2020

12 Na Zhu et al.: »A Novel Coronavirus from Patients with Pneumonia in China, 2019«, *New England Journal of Medicine*, 24. Januar 2020; Chen Wang et al.: »A novel coronavirus outbreak of global health concern«, *The Lancet*, 24. Januar 2020

13 Johns Hopkins Center for Health Security: »Event 201 Pandemic Exercise: Segment 1, Intro and Medical Countermeasures (MCM) Discussion«, 4. November 2019, Video, Min. 55 – youtube.com/watch?v=Vm1-DnxRiPM

14 Johns Hopkins Center for Health Security: »Event 201 Pandemic Exercise: Segment 4, Communications Discussion and Epilogue Video«, 4. November 2019 – youtube.com/watch?v=LBuP40H4Tko

15 Ebd., Min. 10

16 Ebd., Min. 19

17 Ebd., Min. 20

18 Ebd., Min. 25

19 Website Event 201, Event 201 Recommendations: »Public-private cooperation for pandemic preparedness and response – A call to action« – centerforhealthsecurity.org/event201/recommendations.html

20 centerforhealthsecurity.org/event201/videos.html
21 Shawn McCarthy: »Ted Turner urges global one-child policy to save planet«, *The Globe and Mail*, 5. Dezember 2010

7 Exkurs: Population Control

1 Website The World Bank, Reproductive, Maternal, Newborn, Child, and Adolescent Health, Stand 2. April 2020 – worldbank.org/en/topic/reproductivematernalchildhealth
2 demographicdividend.org
3 World Bank Group: »Achieving the Demographic Dividend: An Operational Tool for Country-Specific Investment Decision-Making in Pre-Dividend Countries«, 1. Januar 2019
4 Urs Hafner: »›Überzählig sind immer die Anderen‹ – Die Anthropologin Shalini Randeria über die Aporien der Bevölkerungspolitik«, *Neue Zürcher Zeitung*, 29. April 2013
5 Joseph Stiglitz: »Die Schatten der Globalisierung«, Siedler, 2002
6 Naomi Klein: »Die Schock-Strategie: Der Aufstieg des Katastrophen-Kapitalismus«, S. Fischer, 2007
7 Jean Ziegler: »Wir lassen sie verhungern: Die Massenvernichtung in der Dritten Welt«, Bertelsmann, 2012
8 John Pilger: »Verdeckte Ziele: Über den modernen Imperialismus«, Zweitausendeins, 2004
9 Michel Chossudovsky: »Global brutal: Der entfesselte Welthandel, die Armut, der Krieg«, Zweitausendeins, 2002
10 Website Population Council – popcouncil.org/about/product-licensing
11 Joan Dunlop: »John D. Rockefeller 3rd, Statesman and Founder of the Population Council«, *Population Today*, 1. September 2000; Die Autorin Joan Dunlop, eine Frauenrechtlerin und Tochter des Vize-Chefs des Ölkonzerns BP, war damals persönliche Beraterin Rockefellers.
12 McNamara schildert das selbst vor der Kamera in dem 2003 veröffentlichten Dokumentarfilm »The Fog of War« von Errol Morris.
13 World Bank Group Archives Holdings: Records of the Population, Health, and Nutrition Sector, 30. Juli 2012 – Auszug: »Functional responsibility for population-related activities was first articulated in the organizational structure of the World Bank after the November 1, 1968 reorganization of the Projects Department (PRJ). (…) The Bank's first population loan was made to Jamaica in 1970. This and subsequent loans: supported services related to population management; created awareness of and provided information about population issues; and devised and implemented incentives and disincentives aimed at encouraging smaller families.«
14 Die Weltbank wird traditionell von einem Amerikaner geleitet. Die USA besitzen zudem entsprechend ihrem finanziellen Engagement dort mit großem Abstand zu allen anderen Ländern die meisten Stimmrechte (»voting power«). – pubdocs.worldbank.org/en/329671541106474760/IBRDEDsVotingTable.pdf
15 National Security Study Memorandum NSSM 200, Implications of Worldwide Population Growth For U.S. Security and Overseas Interests, 10. Dezember 1974, S. 58, 65 – pdf.usaid.gov/pdf_docs/PCAAB500.pdf
16 Memorandum NSC–U/DM–130A From the Chairman of the National Security Council Under Secretaries Committee (Robinson) to President Ford, 29. Juli 1976, Attachment: U.S. International Population Policy: First Annual Report, prepared by the Interagency Task Force on Population Policy, Mai 1976 – history.state.gov/historicaldocuments/frus1969-76ve14p1/d125

17 Hearings before the Select Committee on Population, 95th Congress, 2nd Session, 7.-9. März 1978: Fertility and Contraception in America, Contraceptive Technology and Development, S. 340ff.

18 Eric Wagner: »Der Impfaktivismus der Gates-Stiftung«, *Multipolar*, 16. April 2020; John W. Oller et al.: »HCG Found in WHO Tetanus Vaccine in Kenya Raises Concern in the Developing World«, *Open Access Library Journal*, Vol. 4, No. 10, 27. Oktober 2017

19 Tim Evans: »An Optimist's View of Global Health Achievement«, Rockefeller Foundation, 26. Januar 2013

20 Zunaid Ahmed Palak: »How digital inclusion made Bangladesh a standout South Asian economy«, World Economic Forum, 26. Februar 2020

21 id2020.org

22 Chris Burt: »ID2020 and partners launch program to provide digital ID with vaccines«, *Biometric Update*, 20. September 2019

23 Norbert Häring: »ID2020, Known-Traveller und Kontaktverfolgung durch Google und Apple: US-Konzerne werden zur Weltpassbehörde«, *norbert-haering.de*, 16. April 2020

8 Corona in Davos: Ein Virus wird vorgestellt (Januar 2020)

1 »Mysteriöse Lungenkrankheit in Zentralchina ausgebrochen«, *dpa*, 31. Dezember 2019

2 »Chinese officials investigate cause of pneumonia outbreak in Wuhan«, *Reuters*, 31. Dezember 2019

3 »Wuhan Municipal Health Commission on the current situation of pneumonia in our city«, 31. Dezember 2019 – web.archive.org/web/20200109215413/http://wjw.wuhan.gov.cn/front/web/showDetail/2019123108989

4 »8 people spread false information about pneumonia and were prosecuted«, *Chutian Dushi Bao*, 1. Januar 2020; »Mysteriöse Lungenkrankheit in China ausgebrochen«, *Welt*, 1. Januar 2020

5 Josh Margolin, James Gordon Meek: »Intelligence report warned of coronavirus crisis as early as November: Sources«, *ABC News*, 9. April 2020; »US alerted Israel, NATO to disease outbreak in China in November – TV report«, *The Times of Israel*, 16. April 2020

6 Steffen Wurzel: »Neuer Virustyp entdeckt«, *tagesschau.de*, 9. Januar 2020

7 »Erster Test für das neuartige Coronavirus in China ist entwickelt«, Pressemitteilung des Deutschen Zentrums für Infektionsforschung, 16. Januar 2020

8 Volkart Wildermuth: »Diagnostischer Test aus Berlin weltweit gefragt«, Deutschlandfunk, 23. Januar 2020

9 Johns Hopkins Center for Health Security: »The Johns Hopkins Center for Health Security, World Economic Forum, and Bill & Melinda Gates Foundation Call for Public-Private Cooperation for Pandemic Preparedness and Response«, 17. Januar 2020

10 China CDC: »Tracking the Epidemic« – weekly.chinacdc.cn/news/TrackingtheEpidemic.htm

11 20-Uhr-Ausgabe der Tagesschau, 20. Januar 2020

12 WHO: »Novel Coronavirus (2019-nCoV) Situation Report – 1«, 21. Januar 2020

13 Laura Santhanam: »Track the spread of novel coronavirus with this map«, PBS Newshour, 22. Januar 2020

14 WHO: »Statement on the meeting of the International Health Regulations (2005) Emergency Committee regarding the outbreak of novel co-

ronavirus (2019-nCoV)«, 23. Januar 2013 – Auszug: »On 22 January, the members of the Emergency Committee expressed divergent views on whether this event constitutes a PHEIC or not. At that time, the advice was that the event did not constitute a PHEIC, but the Committee members agreed on the urgency of the situation and suggested that the Committee should be reconvened in a matter of days to examine the situation further.«

15 »Fears Over New Coronavirus Grip Davos«/»How China's Virus Outbreak Could Threaten the Global Economy«, *New York Times*, 23. Januar 2020

16 Bradley T. Smith et al.: »Navigating the Storm: Report and Recommendations from the Atlantic Storm Exercise«, *Biosecurity and Bioterrorism*, Volume 3, Number 3, 2005, S. 256–267

17 David Yanofsky: »The confidential list of everyone attending the 2020 World Economic Forum in Davos«, *Quartz*, 21. Januar 2020

18 »EU bestellt bei AstraZeneca Corona-Impfstoff in großem Stil«, *boerse. ARD.de*, 14. Juni 2020

19 André Anwar: »Richard Hatchett – der Herr über die Corona-Impfstoffe«, *RND*, 17. März 2020

20 David Yanofsky: »The confidential list of everyone attending the 2020 World Economic Forum in Davos«, *Quartz*, 21. Januar 2020

21 Saad B. Omer: »Is America Ready for Another Outbreak? – No. But there are clear steps the government needs to take.«, *New York Times*, 23. Januar 2020

22 WHO: »Novel Coronavirus (2019-nCoV) Situation Report – 4«, 24. Januar 2020

23 China CDC: »Tracking the Epidemic« – weekly.chinacdc.cn/news/TrackingtheEpidemic.htm

24 Ebd.

25 Victoria Taft: »Report: China Stopped Testing for COVID-19. That's Why There Are Zero New Cases.«, *PJ Media*, 21. März 2020

26 WHO: »Report of the WHO-China Joint Mission on Coronavirus Disease 2019 (COVID-19)«, 28. Februar 2020, S. 17, who.int/docs/default-source/coronaviruse/who-china-joint-mission-on-covid-19-final-report.pdf – Auszug: »Several sources of data support this conclusion, including the steep decline in fever clinic visits, the opening up of treatment beds as cured patients are discharged, and the challenges to recruiting new patients for clinical trials. Based on a comparison of crude attack rates across provinces, the Joint Mission estimates that this truly all-of-Government and all-of-society approach that has been taken in China has averted or at least delayed hundreds of thousands of COVID-19 cases in the country.«

9 Tote in Europa: Panik und Irreführung (Februar 2020)

1 Michael Meyen: »Breaking News. Die Welt im Ausnahmezustand«, Westend, 2018

2 20-Uhr-Ausgabe der Tagesschau, 24. Februar 2020

3 Pressekonferenz von Jens Spahn im Gesundheitsministerium, 26. Februar 2020, youtube.com/watch?v=Fea1VY33ojE – Spahn sagte wörtlich (sprachlicher Fehler im Original): »Deswegen komme ich immer mehr zu der Überzeugung, die Wahrscheinlichkeit, dass diese Epidemie an Deutschland vorbeigeht, wird sich nicht erfüllen und nicht ergeben.«

4 Pressekonferenz von Jens Spahn im Gesundheitsministerium, 27. Februar 2020, youtube.com/watch?v=dQdQMVQuJoE

5 Tagesschau Liveblog, 26. Februar 2020, tagesschau.de/newsticker/liveblog-coronavirus-101.html

6 Pressebriefing RKI: »Aktuelle Informationen zu COVID-19 in Deutschland mit RKI-Präsident Lothar H. Wieler und RKI-Vizepräsident Lars Schaade«, *Phoenix*, 27. Februar 2020, Video (Min. 13), youtube.com/watch?v=RNp8iwaSItc

7 RKI: »Risikobewertung zu COVID-19«, Stand: 26. Februar 2020, web.archive.org/web/20200227151759/https://www.rki.de/DE/Content/InfAZ/N/Neuartiges_Coronavirus/Risikobewertung.html

8 »Studies on Covid-19 lethality«, *Swiss Policy Research*, 12. Mai 2020, swprs.org/studies-on-covid-19-lethality/

9 Wieler selbst erklärte in der gleichen Pressekonferenz: »Mehr als 80 Prozent der Infizierten bilden nur milde Symptome aus.«

10 Pressebriefing RKI: »Aktuelle Informationen zu COVID-19 in Deutschland mit RKI-Präsident Lothar H. Wieler und RKI-Vizepräsident Lars Schaade«, Phoenix, 27. Februar 2020, Video (Min. 34), youtube.com/watch?v=RNp8iwaSItc

11 Ebd.

12 WHO: »Q&A on coronaviruses (COVID-19)«, Unterpunkt: »What are the symptoms of COVID-19?«, 23. Februar 2020, web.archive.org/web/20200227000551/https://www.who.int/news-room/q-a-detail/q-a-coronaviruses

13 WHO: »Coronavirus disease 2019 (COVID-19) Situation Report – 34«, 23. Februar 2020

14 »Tägliches Pressebriefing Robert-Koch-Institut zu COVID-19 in Deutschland«, *Phoenix*, 28. Februar 2020, Video (Min. 11), youtube.com/watch?v=AsQW0AVbTNo

15 Ebd., Min. 14

16 Ebd., Min. 17

17 20-Uhr-Ausgabe der Tagesschau, 28. Februar 2020

18 Bill Gates: »How to respond to COVID-19«, *gatesnotes.com*, 28. Februar 2020

19 Bill Gates: »Responding to Covid-19 – A Once-in-a-Century Pandemic?«, *New England Journal of Medicine*, 28. Februar 2020

20 Ebd.

21 John Ioannidis, Professor für Epidemiologie an der Stanford University, veröffentlichte im Juni 2020 eine Auswertung von 23 serologischen Studien zu Covid-19 und ermittelte dabei im Durchschnitt (Median) eine Sterberate von 0,26 Prozent. Für die Gruppe der unter 70-Jährigen ergab sich im Schnitt eine Sterberate von 0,05 Prozent. – John Ioannidis: »The infection fatality rate of Covid-19 inferred from seroprevalence data«, 8. Juni 2020, medrxiv.org/content/10.1101/2020.05.13.20101253v2; Für einen Überblick verschiedener Studien zur Sterberate: »Studies on Covid-19 lethality«, *Swiss Policy Research*, 12. Mai 2020, swprs.org/studies-on-covid-19-lethality/

22 Bundesgesundheitsministerium: »Pressekonferenz zum Coronavirus«, 2. März 2020, Video, youtube.com/watch?v=cXBIXes4_Q4

23 Ebd., Min. 10

24 Ebd., Min. 11

25 Ebd.

26 Ebd., Min. 17

27 Ebd., Min. 78

28 Nike Heinen: »Warum dieser Mann die Epidemie kleinredet«, *Welt*, 19. März 2020

10 Vom Testwahn zum Lockdown (März 2020)

1 Diese Frage stellte sich insbesondere nach Berichten, wonach in Südkorea bei knapp 100 Patienten, die als geheilt galten, Covid-19 »wieder ausgebrochen« war. RKI-Chef Wieler erklärte dazu beim RKI-Pressebriefing vom 14. April 2020, dass das Virus auch nach der Genesung womöglich noch für eine »gewisse Zeit« beim Testen angezeigt werde, allerdings lediglich »Virus-Genom« und nicht »Virus, das vermehrungsfähig ist«.

2 Klaus Pfaffelmoser: »Warum die Pandemie nicht endet«, *Multipolar*, 24. Mai 2020

3 Ralf L. Schlenger: »PCR-Tests auf SARS-CoV-2: Ergebnisse richtig interpretieren«, *Deutsches Ärzteblatt*, 12. Juni 2020

4 ARD: »Nachbericht aus Berlin – Sie fragen – Bundesgesundheitsminister Spahn antwortet«, 14. Juni 2020, youtube.com/watch?v=ZfWEYeokZiA; Spahn erklärte: »Wir müssen jetzt aufpassen, dass wir nicht nachher durch zu umfangreiches Testen zu viele falsch Positive haben. Weil die Tests ja nicht 100 Prozent genau sind, sondern auch eine kleine Fehlerquote haben. Und wenn insgesamt das Infektionsgeschehen immer weiter runtergeht und Sie gleichzeitig das Testen auf Millionen ausweiten, dann haben Sie auf einmal viel mehr falsch Positive als tatsächlich Positive. Das sind so die Dinge, mit denen man konfrontiert wird in der weiteren Folge, und die Erkenntnisse.«

5 Torsten Engelbrecht, Konstantin Demeter: »COVID19 PCR Tests are Scientifically Meaningless«, *OffGuardian*, 27. Juni 2020 – Auszug: »Remarkably, in the instruction manuals of PCR tests we can also read that they are not intended as a diagnostic test, as for instance in those by Altona Diagnostics and Creative Diagnostics. To quote another one, in the product announcement of the LightMix Modular Assays produced by TIB Molbiol (…) and distributed by Roche we can read: ›These assays are not intended for use as an aid in the diagnosis of coronavirus infection‹ and: ›For research use only. Not for use in diagnostic procedures.‹«

6 Robert Koch-Institut: »Influenza-Wochenbericht Kalenderwoche 14/2020«, S. 4; Oliver Märtens: »Das Schweigen der Viren«, *Multipolar*, 21. Juni 2020

7 Robert Koch-Institut: »Bericht zur Epidemiologie der Influenza in Deutschland, Saison 2018/19«, S. 47

8 Robert Koch-Institut: »Epidemiologisches Bulletin 16/2020«, 16. April 2020, S. 3f – Auszug: »Allerdings gehen viele Influenzaerkrankungen auch mit milderen Symptomen einher und können ohne Labordiagnostik auch während der Grippewelle nicht von anderen Erkältungskrankheiten unterschieden werden.«

9 Robert Koch-Institut: »Täglicher Lagebericht des RKI zur Coronavirus-Krankheit-2019«, 1. Juli 2020, S. 5

10 »Zwei Corona-Todesfälle in Deutschland«, *tagesschau.de*, 9. März 2020

11 WHO: »WHO Director-General's opening remarks at the media briefing on COVID-19«, 11. März 2020

12 Stefan Korinth: »Schaden statt Schutz: Die familienfeindliche Corona-Politik«, *Multipolar*, 20. Mai 2020

13 »Fichtner wird nicht ›Spiegel‹-Chefredakteur«, *FAZ.net*, 20. März 2019

14 Ullrich Fichtner: »Der Stoff, aus dem wir Menschen sind«, *Spiegel*, 14. März 2020

15 Alexis Passadakis: »Austerität ist tödlich«, *Freitag*, 18. März 2020 – Auszug: »Die Krise des Gesundheitssystems in Italien ist Folge der Bankenrettung nach der Finanzkrise. Dass dafür Krankenhäuser geopfert wurden, wird jetzt zur Gefahr«; Mélissa Godin: »Why Is Italy's Coronavirus Outbreak So Bad?«, *Time*, 10. März 2020 – Auszug: »The continuous cuts – to

care and to research – are obviously a problem right now‹, Lorenzo Casani, the health director of a clinic for elderly people in Lombardy says. ›We were not prepared. We do not have enough doctors for the people.‹«

16 »Deutschland hat viermal so viele Intensivbetten wie Italien«, *FAZ.net*, 2. April 2020

17 Simona Ravizza: »Milano, terapie intensive al collasso per l'influenza: già 48 malati gravi molte operazioni rinviate«, *Corriere della Sera*, 10. Januar 2018

18 Matthias Rüb: »Warum sterben in Italien so viele?«, *FAZ.net*, 20. März 2020

19 Sarah Newey: »Why have so many coronavirus patients died in Italy?«, *Telegraph*, 23. März 2020

20 Robert Koch-Institut/Statistisches Bundesamt: »Sterblichkeit, Todesursachen und regionale Unterschiede«, Gesundheitsberichterstattung des Bundes, Heft 52, April 2011, S. 27, Auszug: »Im vertraulichen Teil der Todesbescheinigung soll – gemäß dem internationalen Formblatt der WHO zur Todesursachenbescheinigung – möglichst eine Kausalkette dargestellt werden, die vom für das Sterben maßgeblichen Grundleiden bis hin zur unmittelbaren Todesursache führt. In die Statistik geht dann aber nur das in den Landesämtern kodierte Grundleiden als Todesursache ein.«

21 Marcus Klöckner: »Die Corona-Toten: eine Medienzahl«, *Multipolar*, 13. April 2020

22 Florian Rötzer: »Feinstaubpartikel als Viren-Vehikel«, *Telepolis*, 21. März 2020

23 Leonardo Setti et al.: »Relazione circa l'effetto dell'inquinamento da particolato atmosferico e la diffusione di virus nella popolazione«, Università di Bologna, März 2020

24 Amanda MacMillan: »Hospitals Overwhelmed by Flu Patients Are Treating Them in Tents«, *Time*, 18. Januar 2018

25 So schrieb der Ärztliche Leiter eines Rettungsdienstes aus Rheinland-Pfalz in einem Hilferuf an das Innenministerium (der Brief liegt dem Autor vor) von einem »Kapazitätsnotstand und Massenanfall von Kranken« mit »katastrophenäquivalenten Zügen« durch die Grippewelle. Die Lage sei im März 2018 wiederholt »nicht mehr beherrschbar« gewesen.

26 20-Uhr-Ausgabe der Tagesschau, 20. März 2020

27 Paul Schreyer: »Coronavirus: Irreführung bei den Fallzahlen nun belegt«, *Multipolar*, 28. März 2020; der Beitrag erschien auch als Podcast, wurde mehr als 300 000 Mal aufgerufen und dann von Youtube zeitweise gelöscht. Der Medienmainstream ignorierte die Zusammenhänge weitgehend, der Multipolar-Beitrag führte im Mainstream zu einer einzigen (!) Folgeberichterstattung, einem Artikel im Münchner Merkur: »Coronavirus-Zahlen in Deutschland steigen rasant: Verzerrt eine wenig beachtete Zahl die Statistik?«, *Merkur.de*, 1. April 2020

28 »Keine Empfehlungen, sondern Regeln«, *tagesschau.de*, 22. März 2020; »Coronavirus: Merkel zu neuen Regeln – Maximal zwei Personen erlaubt«, Video, youtube.com/watch?v=6pQgZLg0xog

Epilog: Über das Sterben – und den Irrtum

1 »For Every Child, Every Right: The Convention on the Rights of the Child at a crossroads«, UNICEF, November 2019, S. 2; »Jeden Tag sterben 15 000 Kinder«, *Zeit Online*, 19. Oktober 2017

2 ZDF Markus Lanz, Sendung vom 21. April 2020, Min. 68

3 Meldung des Robert Koch-Instituts auf dem eigenen Twitter-Kanal, 6. Juli 2020

Namensregister